Le Figaro du 20 janvier 1896 (42ᵉ année - 3ᵉ série)

SUR LE DIVORCE

UNE PRÉFACE INÉDITE DE M. ALFRED NAQUET

MM. A. Janvier de La Motte et Marcel Ballot publient demain la troisième des pièces composées par eux sur les « petits côtés du divorce ».

La première est *Mon Nom;* la seconde, *les Amants légitimes;* la troisième, *les Jocrisses du divorce.*

M. Alfred Naquet ne pouvait rester indifférent à la confection de cet amusant triptyque; aussi tient-il d'y consacrer, sous forme d'une préface aux *Jocrisses du Divorce,* quelques pages de commentaire dont nous sommes heureux de pouvoir offrir la primeur aux lecteurs du *Figaro.*

--- ◆ ---

... Dans aucune question plus que dans celle du divorce, la littérature n'a joué un rôle et n'est capable d'en jouer un, parce que c'est à elle qu'incombe la tâche de préparer, de mûrir les solutions aux yeux de l'opinion. Les assemblées politiques ne viennent qu'après, pour libeller en loi l'œuvre accomplie dans les mœurs.

C'est par le drame, par la comédie, par le théâtre et par le roman sous toutes les formes, que, depuis 1816 jusqu'à 1884, la littérature a mis en lumière les situations douloureuses, inextricables, antisociales, résultant de l'indissolubilité du lien conjugal. C'est elle qui, par ses tableaux si vivants, si palpitants, a préparé les esprits à recevoir la réforme et les a fécondés. Les hommes politiques, tels que Léon Renault, M. de Marcère et moi-même, nous n'avons eu que le dernier coup de pioche à donner. Il a été pénible; le terrain demeurait dur à défricher et il y fallait de vigoureux coups de bêche; mais du moins, dans cette terre compacte, grâce au travail littéraire, l'engrais avait été infiltré, et une fois le coup de pioche donné, la plante — je veux dire la loi — n'a pas tardé à germer et à fructifier.

Après 1884, les esprits superficiels, ceux qui ne croient à rien, ceux qui doutent de tout, firent une prédiction.

Les lettres, disaient-ils, ont besoin de situations pénibles pour émouvoir les cœurs. Quand le mariage était indissoluble, l'indissolubilité les leur fournissait et elles plaidaient ainsi inconsciemment en faveur du divorce. Maintenant ce serait le divorce qui les leur fournirait, et elles plaideraient non moins inconsciemment pour l'indissolubilité.

Et les sceptiques — tout comme les adversaires systématiques de l'institution nouvelle — de voir là la preuve que le divorce ne réalisait pas un progrès, que c'était soit un simple changement, soit même une rétrogradation.

Le malheur est que la prédiction ne s'est pas réalisée. Loin de faire machine arrière après 1884, le théâtre a poursuivi sa voie de réforme et de progrès.

Le législateur de 1884, arrêté par une opinion indécise, encore insuffisamment préparée, n'a réalisé qu'une réforme incomplète et boiteuse. La liberté s'y butte à trop d'obstacles; trop de dispositions vexatoires et sans objet ont été conservées et édictées pour la première fois. L'esprit ancien domine encore la loi nouvelle; et c'est à la vivifier, bien loin que ce soit à la détruire, que visent nos auteurs de théâtre contemporains...

MM. Ambroise Janvier et Marcel Ballot, sous une forme comique et quelquefois d'un bouffe charmant, s'attaquent à des dispositions de détail qui méritent d'autant plus de fixer l'attention que l'une au moins de ces dispositions devrait être, dès aujourd'hui, l'objet d'une revision...

...! Dans *Mon nom,* les auteurs ont fait ressortir le manque absolu de sanction à la disposition en vertu de laquelle la femme divorcée perd le nom de son mari et doit reprendre son nom de jeune fille. Les aventures du pauvre marquis de Montflambert sont démonstratives sur ce point.

Toutefois, il faut la reconnaître — et

les auteurs l'ont reconnu eux-mêmes de bonne grâce — il y a dans l'usurpation une sanction réelle dès que le nom usurpé figure sur un acte authentique ou sur des écritures de commerce. C'est le principal. Les intérêts sont sauvegardés. Ce que la loi n'atteint pas, ce sont les habitudes mondaines et le langage des salons. Mais s'il en résulte quelques froissements, c'est un malheur auquel il y a lieu de s'habituer comme à bien d'autres. Le législateur ne peut pas, ainsi que l'a dit M. Brisson, je crois, légiférer sur une question d'usage, d'adresses de lettres et de cartes de visite.

Dans leur seconde pièce, les *Amants légitimes*, les auteurs de la trilogie ont mis en lumière un cas qu'ils ont peutêtre trouvé dans leur imagination, mais qui n'est pas pour cela purement imaginaire et que, pour ma part, j'ai vu se réaliser dans les faits...

... La loi porte que les époux divorcés qui se remarieront ne pourront pas faire d'autre contrat que celui qui régissait leur première union.

C'est fort bien. Mais dans leur pièce pleine d'humour et d'imprévu, MM. Ambroise Janvier et Marcel Ballot ont montré l'inutilité, la puérilité allais-je dire, d'une disposition pareille.

Un homme et une femme se sont unis sous le régime dotal. La dot est sacrée : ni le mari ni la femme ne peuvent y porter atteinte ; et s'ils divorcent, si plus tard ils s'épousent de nouveau, le régime dotal s'imposera à eux dans l'avenir comme dans le passé.

Parfait ! Mais le législateur n'a oublié qu'une chose, et cette chose que lui rappellent nos auteurs avec leur verve endiablée, c'est que, dans la période qui sépare l'ancien mariage du nouveau, pendant cet espace de temps que l'on pourrait appeler d'un néologisme « interunion », comme on appelle intersession le temps qui s'écoule entre deux sessions des chambres législatives, la femme est devenue maîtresse absolue de son bien, qu'elle peut vendre ses propriétés, en employer le produit en valeurs mobilières au porteur, le dépenser si même elle le préfère, et que, quand le second mariage viendra, le contrat rétabli ne régira plus rien, parce que la matière qu'il était chargé de régir aura disparu.

Cela est tout à fait exact, et la démonstration qui en est faite dans les *Amants légitimes* a le grand avantage d'être gaie et d'éclairer en amusant.

Mais le fait signalé est loin de nous émouvoir : le régime dotal est d'un autre âge. Il est appelé à disparaître dans une époque de liberté. L'idéal actuel n'est plus de favoriser la stagnation des richesses et l'inertie des capitaux. Il consiste, au contraire, à rendre le capital plus productif en le rendant plus mobile. Il se refuse à admettre l'incapacité de la femme dont il tend à faire de plus en plus notre égale ; et, si des écervelés se montrent indignes de la fonction que le hasard leur a confiée en les faisant capitalistes ; s'ils se ruinent ; si leur patrimoine vient se disséminer dans la foule où il fructifiera, la société n'a pas à s'en préoccuper. Elle n'a plus pour mission, comme autrefois, de maintenir les fortunes inaliénables dans les mêmes familles. Ce régime dotal est un des derniers vestiges de ces idées féodales qui avaient fait inventer les majorats et les substitutions. Montrer qu'il ne sert plus à rien puisqu'on peut le tourner, c'est en préparer la disparition totale, et, de ce point de vue, les *Amants légitimes* ont une utilité sociale indiscutable.

Reste la troisième pièce. Celle-ci vise une disposition de la loi de 1884 que, pour ma part, j'ai toujours considérée comme immorale, et qu'il importe de faire cesser : c'est cette disposition de l'article 298 du Code civil qui interdit à l'époux adultère d'épouser son complice...

En 1882, à la Chambre, l'article 298 avait été supprimé sur un amendement de M. Edouard Lockroy. Mais le Sénat, esclave fidèle des traditions juridiques, dévot à la superstition du Code civil, a cru devoir le rétablir en 1884, et l'auteur de ces lignes, qui visait avant tout à faire figurer le divorce dans nos lois, qui voulait écarter toutes les difficultés, tous les obstacles, se fiant sur l'avenir et le bon sens du peuple pour le perfectionnement ultérieur de son œuvre, n'y fit pas d'opposition.

C'est ce perfectionnement que préparent nos auteurs dans les *Jocrisses du divorce*, qu'ils font paraître aujourd'hui, en mettant en lumière d'une façon aussi adroite que piquante l'anomalie consacrée par l'article 298.

En Angleterre, lorsqu'un divorce est prononcé par suite d'un adultère, l'opinion publique considère le mariage des deux complices comme une réparation due à la société. On leur en ferait presque une obligation légale, si jamais le mariage pouvait être obligatoire.

En France, c'est la solution opposée qui a prévalu. On a craint de favoriser le divorce en offrant aux adultères la perspective de la consolidation, de la légalisation de leur union. En réalité c'est l'inverse que l'on a fait, et c'est l'article 298 qui offre une prime à l'inconduite, une excitation à l'immoralité.

Un séducteur s'attaque plus difficilement à une jeune fille qu'à une femme, parce que chez la jeune fille la séduction se heurte à cette sanction : le mariage. Sans l'article 298, le divorce ramènerait, à ce point de vue, toutes les femmes à la condition de jeunes filles et éloignerait les séducteurs. On a tenu à donner à ceux-ci toute sécurité en rendant la réparation impossible. Singulière conception !

Il est vrai qu'à côté de la loi il y a toujours le moyen de l'éluder et que, dans cette espèce, les tribunaux, plus humains et plus moraux que le législateur, ne se font pas faute d'y recourir.

Mais c'est ici que se donnent carrière les passions, en engendrant les conséquences les plus malsaines.

On ne saurait trop, à ce point de vue, recommander aux partisans de l'article 298 les trois petites consultations par lesquelles débutent les *Jocrisses du divorce*. Cet exposé, d'une drôlerie qui n'en exclut pas la clarté, ne fait que rendre plus manifestes, en les exagérant, certaines conséquences logiques de la législation actuelle : intérêt de l'amant corrompu à se faire prendre en flagrant délit pour être dispensé d'épouser sa maîtresse ; intérêt de la femme à se compromettre avec un autre homme que celui qu'elle aime réellement et qu'elle voudrait épouser ; intérêt du mari à feindre d'ignorer l'identité de l'amant si, par un raffinement de vengeance, il veut le forcer d'épouser sa complice, ou à faire au contraire éclater au grand jour cette identité si, trouvant dans son rival une passion réelle, un amour honnête quoique coupable, il veut lui enlever la possibilité d'être heureux.

Autant de calculs vils et de sentiments bas qui sont couverts par la loi ; autant de conséquences baroques ou révoltantes qui militent fortement contre elle, et que nos deux auteurs ont su mettre en lumière en en faisant l'objet d'une pièce des plus vécues.

Cette fois, répétons-le, leur satire a beau jeu et leur thèse vaut qu'on s'y arrête. Sous une forme paradoxale et volontairement burlesque, ils glissent quelques vérités qui resteront, qui chemineront.

Et encore laissent-ils de côté un argument décisif — et singulièrement tragique, celui-là — qu'ils n'invoquent pas parce qu'il n'est pas de leur domaine. Ce n'est point en effet un des *petits côtés du divorce* cette inepte interdiction, empêchant des amants fidèles, sincères, excusables parfois, de reconquérir peu à peu, grâce à leur situation désormais régulière, ou du moins régularisée, une sorte de dignité intime et de décence extérieure.

Mais ce côté de la question serait du ressort d'un Augier ou d'un Dumas. MM. Ambroise Janvier et Marcel Ballot ont eu de moins hautes visées. Dans leurs trois farces juridiques modernes, ils ne plaident que joyeusement et ne démontrent que par l'absurde.

Si leur dernier ouvrage, le plus ingénieux peut-être et le plus gai de la trilogie, n'a pas eu un succès égal à celui de ses deux aînés ; si ces fantoches désopilants, malgré leurs mots à la Forain et leurs outrances à l'Offenbach, ont été jugés par quelques-uns d'une trop libre fantaisie, et ont paru à quelques autres d'une trop laide réalité ; si, enfin, beaucoup les ont trouvés d'un comique trop grimaçant, est-ce bien la faute des auteurs ? N'est-ce pas plutôt imputable au sujet qu'ils ont abordé, à ce néfaste article 298 qui se prête mal au rire et à la bouffonnerie — rien ne pouvant guère jaillir de son texte draconien et de sa morale prudhomesque que du drame et des pleurs ?

Il n'était cependant pas mauvais de bien établir qu'à l'odieux s'ajoute ici le ridicule : c'est ce qu'ont prouvé les auteurs des *Petits Côtés du Divorce* ; et voilà de quoi, quelque étranger que je sois aux choses du théâtre, j'ai voulu les féliciter.

Alfred Naquet.

Le Votus bleu du 27 janvier 1896 — Sixième année — n° 11 — (1)

MATÉRIALISTE ET THÉOSOPHE

QUATRIÈME LETTRE

Le 8 septembre 1895.

Mon cher ami,

J'ai reçu votre lettre ; j'avoue que tout cela ne me convainc pas. Et ce n'est pas entêtement cependant. Je ne demande qu'à être convaincu. Cela tient peut-être à ce que je ne sais pas assez et ne comprends pas. Mais comment comprendre une doctrine et se convaincre de sa vérité, lorsque, tout en vous disant : « ne croyez pas sur parole, faites-vous une certitude par vous-même », elle réserve ses preuves aux seuls initiés.

Vous me direz peut-être que, par le travail, tout le monde peut aspirer à l'initiation. Soit ! lorsqu'on est jeune et libre, mais lorsqu'on est âgé, que l'on est tenu d'ailleurs par les fonctions étrangères à la philosophie auxquelles la vie nous attache, on a bien peu de temps libre. Il fallait 30 ans pour faire un druide, et je n'ai probablement pas 15 ans à vivre.

Et puis, se livrer à ce dur labeur lorsqu'on est sûr de cueillir au bout le fruit de la culture à laquelle on se livre ; c'est parfait. Mais si tout cela n'est, comme je le crains, que spéculation mentale et illusion généreuse, on aura perdu son temps et ses efforts. — Et cependant ces problèmes m'attachent, mais sans que la conviction fasse un pas.

(1) Voir pour la réponse aux Variétés simples t. V - p. 280.

Ainsi, j'ai lu un livre sur la réincarnation et la belle exposition qu'on y fait du Karma. — Je veux bien que nos actes engendrent des effets, que nos pensées même, — quoique ceci me paraisse plus douteux, — en déterminent. Je me soumets à cette loi ici-bas, là où sûrement je la constate ; mais où la justice en tout ceci ? est-ce que je suis libre de commettre un acte ? oui, en ce sens que je puis obéir à ma volonté. Mais ma volonté n'est pas libre. Elle est la résultante des forces de toute nature qui agissent en moi, et il n'y a pas plus de mérite à faire le bien qu'à être beau ou bien portant, pas plus de mérite à faire le mal qu'à être laid ou malade. — Les mots crime et vertu devraient être rayés du dictionnaire au moral comme ils le sont au physique. Et alors ? pourquoi suis-je ainsi fait que je sois amené à commettre des actes mauvais, qui me créent un mauvais Karma, tandis que d'autres s'en créent un bon.

J'ajoute que, même au point de vue de ceux qui admettent cette théorie, contradictoire et incompréhensible à mes yeux, du libre-arbitre, avant le stage humain la volonté n'existe pas. L'animal n'est pas libre de se faire un bon ou un mauvais Karma. Il se le fait cependant. Où la justice en ceci ?

Direz-vous que ceci naît de l'illusion de la séparativité, que tous les hommes ne sont qu'un seul et même homme, que les pensées et les actes d'autrui nous influencent et agissent sur notre Karma ?

Je le veux bien, mais alors pas n'est besoin de tout cet échafaudage philosophique ; la théorie des moyennes suffit. Il y a dans une rue 500 meurt-de-faim et un milliardaire ; tout est dans l'ordre parce que la séparativité est une illusion, que les meurt-de-faim et le milliardaire ne font qu'un, que ceux-là jouissent en lui comme celui-ci souffre en eux et que, dès lors, la justice est satisfaite.

Non ! Il n'est pas exact que vous ayez réussi dans cette entreprise généreuse qui consisterait à expliquer le mal et à nous réconcilier ainsi avec lui. Et puis que de détails embarrassants.

Voilà un forban heureux, un juste souffrant, pourquoi ? parce que l'un a mérité le bonheur, l'autre le malheur dans une autre existence ?

Soit ! mais pour mériter le bonheur il a fallu être bon et pour mériter le malheur il a fallu être mauvais — à moins qu'on ne doive son Karma à une action extérieure. — Comment alors le bon d'hier est-il devenu le mauvais d'aujourd'hui et réciproquement ?

Ce n'est pas tout. Cette personnalité qui s'éteint alors que le Penseur demeure. Ce Nirvâna qui semble être une absorption dans l'absolu et qui n'est pas cela. Toutes ces conceptions se heurtent dans mon esprit et le choquent malgré lui ; et cependant il voudrait les comprendre et les accepter.

Mais pour y croire il m'en faudrait voir les preuves comme je les ai dans les sciences naturelles : et, si elles existent, elles ne me sont pas accessibles ; et en une matière aussi extraordinaire, je ne crois pas au témoignage humain. — Vous voyez que je suis, hélas, loin du Nirvâna et de la connaissance qui éteint le désir, et cependant ce n'est pas ma faute mais bien celle de mon intellect.

Mille et mille amitiés.

A. Naquet
X. député.

Le Journal du 20 février 1896 (8e année - n° 1264)

Solution de la Crise

[M. A. Naquet, député à Vaucluse, nous communique sur la crise parlementaire actuelle son opinion personnelle qu'il nous a paru intéressant d'enregistrer.]

La loi constitutionnelle du 25 février 1875, relative à l'organisation des pouvoirs publics, porte, dans son article 6, que :

« Les ministres sont solidairement responsables devant les Chambres de la politique générale du gouvernement, et individuellement de leurs actes personnels. »

Et, dans son article 5, elle reconnaît au Président de la République le droit, sur l'avis conforme du Sénat, de dissoudre la Chambre des députés avant l'expiration directe de son mandat.

D'autre part, l'article 12 de la loi constitutionnelle du 16 juillet 1875, sur les rapports des pouvoirs publics, est ainsi conçu :

« Les ministres peuvent être mis en accusation par la Chambre des députés pour crime commis dans l'exercice de leurs fonctions. En ce cas, ils sont jugés par le Sénat. »

Enfin, l'article 9 de la loi du 25 février 1875 dispose que :

« Le Sénat peut être constitué en cour de justice pour juger soit le Président de la République, soit les ministres, et pour connaître des attentats commis contre la sûreté de l'État. »

Depuis l'interpellation Mouton et les deux échecs que le cabinet Bourgeois a subis devant l'assemblée du Luxembourg, on discute avec vivacité dans les deux Chambres sur la portée de l'article 6 de la loi du 25 février 1875.

Les ministres sont responsables devant les *Chambres*, disent les sénateurs. La Constitution ne distingue pas entre les droits de l'une et ceux de l'autre. Il en est donc d'un ministère comme d'une loi : il n'existe qu'autant qu'il conserve la majorité dans les deux Assemblées législatives. Dès qu'il l'a nettement perdue dans l'une d'elles, il doit se retirer, encore bien qu'il la conserve dans l'autre.

Les députés contestent cette interprétation. A leurs yeux, le Sénat est une assemblée de contrôle législatif, une assemblée modératrice ; mais issu du suffrage restreint, il ne saurait prétendre à la direction gouvernementale sans violer la lettre sinon l'esprit des lois constitutionnelles. Et, à l'appui de leur thèse, ils citent les précédents de toutes nos Chambres Hautes et de la Chambre des Lords dans la Grande-Bretagne.

Ces arguments ne seraient peut-être pas très probants en présence d'un texte précis, si l'on n'en possédait pas d'autres. Seulement, il en est un autre que développait jadis M. Floquet dans la conversation, avec la verve, avec la chaleur que donne une conviction puissante. Cet argument mérite d'être reproduit, parce qu'il semble bien donner raison à la Chambre des députés.

La Chambre des députés, disait M. Floquet, possède, par privilège constitutionnel, le droit de mettre en accusation un cabinet qui ne se retirerait pas après avoir été mis en minorité par elle. Son vote comporte donc une sanction immédiate.

Le Sénat, lui, peut contribuer par son vote à la dissolution de la Chambre des députés lorsque le Président de la République en prend l'initiative; il peut aussi —il doit même — se constituer en Haute Cour de justice pour juger les ministres si la Chambre les a mis en accusation. Mais il ne peut pas les mettre en accusation lui-même, évoquer directement une telle affaire, pas plus qu'il ne peut dissoudre la Chambre *motu proprio*.

Si donc le Sénat interpelle le gouvernement, le met en minorité, et que néanmoins, comme c'est le cas aujourd'hui, celui-ci ne veuille pas se soumettre, son vote manque de sanction. Il ne peut ni forcer le cabinet à s'y soumettre par la mise en accusation, ni briser la Chambre si le Président de la République s'y refuse.

Ces dispositions constitutionnelles, ajoutait l'ancien président de la Chambre, prouvent bien que, malgré l'ambiguïté du texte de l'article 6, la Constitution a voulu réserver la direction politique du pays à l'assemblée issue du suffrage universel. Les constituants n'ont pas pu insérer dans la loi pour l'une des Assemblées un droit dépourvu à tout le moins de sanction prochaine.

Cet argument est très puissant, très frappant, et, en doctrine, je me déclare convaincu par lui. Malheureusement, nous ne faisons pas, en ce moment, de la doctrine; et ce qui se passe, à l'heure actuelle, prouve à l'évidence que la doctrine est d'un mince secours lorsqu'on se trouve en présence de deux adversaires dont aucun ne veut être convaincu, et lorsqu'il n'y a pas de juge pour les départager.

Ici, il existerait bien un juge : le Congrès; mais ce juge est plutôt un arbitre, puisqu'aucune des deux parties n'a le droit de lui soumettre le litige sans l'aveu de l'autre, et sûrement, dans l'espèce, l'une d'elles, le Sénat, se refuserait à l'arbitrage.

Il existerait aussi une autre autorité, une autorité supérieure, pour résoudre le conflit : le *Suffrage universel*, consulté par la voie de la dissolution de la Chambre. Mais cette autorité, le Sénat ne peut pas y recourir de lui-même, si le Président de la République n'en prend pas l'initiative; et, si même le Président prenait cette initiative, il est peu présumable que la Chambre Haute donnât un avis favorable alors que les élections devraient être présidées par un cabinet qui lui serait hautement hostile.

La Chambre accepterait la dissolution avec un ministère Bourgeois, ou la réunion du Congrès pour résoudre le litige; mais le Sénat repousse ces solutions. Le Sénat, par contre, dissoudrait volontiers la Chambre avec un cabinet Waldeck-Rousseau, Constans ou Dupuy; mais la Chambre refuse de les lui donner.

Il n'y a donc aucune solution légale théorique au conflit.

Il y a longtemps que j'ai dénoncé ce vice de la Constitution de 1875; il y a longtemps que j'ai dit aux Chambres et au pays : « Revisez la Constitution pendant que rien d'essentiel ne vous divise; et, soit que vous deviez renoncer à la dualité législative, soit que vous y deviez persévérer, faites au moins qu'il n'existe plus de situations légalement inextricables. » On n'a pas voulu m'écouter; on m'a même accusé d'avoir déserté la foi républicaine parce que, dans le désespoir de modifier autrement ce nid à conflits, cet œuf de révolutions qui s'appelle la Constitution de 1875, j'ai cherché dans la popularité du général Boulanger la possibilité d'une revision. Et voilà qu'aujourd'hui mes prévisions se réalisent, et que les lois hybrides, les lois monarchico-républicaines, de 1875 produisent leurs effets prévus de désordre et d'anarchie.

En fait, du reste, s'il est exact de dire que les décisions du Sénat manquent de sanction immédiate, il serait inexact de prétendre qu'elles manquent de sanction d'une manière absolue.

Le Sénat peut, en effet, repousser le budget. C'est un droit que la Constitution lui accorde formellement.

Il est vrai que si le Sénat refusait

[...] Bourgeois, la Cham-
re pourrait aussi bien le rattacher au cabinet Dupuy.

Et alors ?

Alors, il arriverait ce qui arrive toujours quand la loi est impuissante à sauver la nation d'un grand péril. Il arrive
toujours dans ces cas que le nœud gordien, que la loi n'a pu dénouer, est tranché par quelqu'un : par une foule révolutionnaire ou par un pronunciamiento
militaire.

Seulement, ceci est théorique; en pratique, nous n'en viendrons heureusement pas là. Nous n'en sommes plus à
ces époques de mâle énergie où nul ne
voulait céder, et où les solutions révolutionnaires n'effrayaient personne.

Aujourd'hui, nos énergies sont de
vingt-quatre heures, et toute la question
est de savoir chez laquelle des deux
Chambres la résistance aura le plus de
durée.

Laquelle des deux majorités est la plus
tenace ?

Celle du Sénat est plus vraie, plus
réelle, car elle se manifeste dans l'opposition, tandis que celle de la Chambre a
eu besoin de la constitution du cabinet
Bourgeois pour se manifester, et fon-
drait peut-être demain si ce cabinet
était remplacé par un autre.

Mais, d'un autre côté, les masses électorales sont avec M. Bourgeois, et,
comme la terreur de l'électeur est le
commencement de la sagesse, la Chambre n'aura probablement pas l'occasion
de voir fondre sa majorité au soleil d'un
ministère nouveau, parce qu'elle ne renversera pas celui-ci.

En outre, les conseils municipaux se
renouvellent en mai. Si le conflit s'accentue et passionne le pays, le corps
électoral sénatorial peut être profondément modifié, et alors que deviendra la
résistance du Luxembourg ?

Enfin, le Sénat courrait un grand danger à persister dans le conflit. La question révisionniste vient d'être, pour la
première fois depuis vingt-cinq ans,
vraiment posée dans les faits, et la continuation du conflit en amènerait probablement la solution. Or, n'oublions pas
que si, ainsi que je le disais plus haut,

la peur de l'électeur est le commencement de la sagesse pour les députés,
pour les sénateurs, c'est dans la peur de
la révision que le commencement de la
sagesse réside.

On le voit, le problème comporte trop
d'inconnues pour qu'il soit possible d'é-
tablir aujourd'hui des pronostics certains.

Mais il est une chose qui prime tous
les raisonnements, toutes les déductions
logiques. Le pays veut résolument des
réformes, il veut le progrès. Et, même
s'il blâme certaines lignes de la politique
gouvernementale; même s'il estime que
peut-être vaudrait-il mieux ne pas donner tant d'importance à ce qui se passe
dans les cabinets des juges d'instruction ; même s'il juge qu'il serait préférable de ne pas autant subordonner le rôle de réformateur au rôle de
justicier, il est avec le gouvernement
contre le Sénat. Il y est d'autant plus,
qu'en rejetant toutes les lois réformistes, le Sénat montre le bout de
l'oreille réactionnaire, et que sa réclamation de la rectitude judiciaire se présente, par suite, au pays, sous la forme
d'un prétexte à réaction.

Le pays est donc, malgré tout, avec le
cabinet, et dans un gouvernement d'opinion, là où va le pays, là va la victoire.

Nul ne peut prédire comment les faits
se dérouleront; mais ce qu'il est aisé de
prévoir, aujourd'hui comme au 16 Mai,
c'est que c'est à l'armée du progrès
qu'en dernière analyse la victoire demeurera.

ALFRED NAQUET.

Le Gil Blas du 20 février 1896 (18e année n° 5?)

Les Enfants sur la Scène

M. ALFRED NAQUET

Le sympathique et savant député de
Vaucluse à qui nous avons communiqué
l'arrêté remis en vigueur, nous a répondu
avec sa bonne grâce habituelle :

— La question me paraît des plus déli-

cates. Le gouvernement réglant, sous prétexte de protection de l'enfance, le détail
des ballets donnés à l'Opéra, cela doit
sembler, à bon nombre de gens, quelque
peu abusif. Et je vous avoue que moi-
même je ne suis pas bien loin de penser
que, trop fréquemment, l'État éprouve le
besoin de mettre un frein à l'initiative in-
dividuelle et de se mêler de tout, d'une
façon plus ou moins adroite et bienfaisante.

» Ainsi, peut-être ne serait ce point du
paradoxe que de soutenir qu'au point de
vue légal l'arrêté dont vous me parlez est,
en somme, discutable.

» Mais, d'ailleurs, pour le juger, il ne
faut considérer que le côté hygiénique
qu'il présente. L'hygiène demande que les
enfants aient leur santé sauvegardée : c'est
une question de repopulation. La France
se dépeuple, la constatation est certaine. Il
s'agit de ne pas augmenter la possibilité
d'une mortalité plus grande. Fort bien.
Seulement, est-il bien certain que les enfants des ballets de l'Opéra souffrent, autant qu'on veut bien le dire, de l'obligation où ils sont de figurer, quelques soi-
rées par mois, sur la scène de l'Opéra ?
Question fort discutable encore. .

» Quant au point de vue moral, laissons-
le à part, voulez-vous, et sourions. Il faut
certes de la vertu, mais pas trop n'en faut.
Il s'est toujours trouvé des gens pour invoquer la pudeur et pour faire de la pru-
derie à tout propos et sans nul propos.

» Défions-nous des professeurs de morale : ils fourrent leur nez partout et crient
sans cesse à la déliquescence et à la dépra-
vation. Soyons d'esprit plus large et jetons
sur nos mœurs une vue d'ensemble plus
exacte et dès lors moins désespérante. »

Le Journal du 20 février 1896 — Cinquième année — n° 1241 —

LA
Solution de la Crise

[M. A. Naquet, député de Vaucluse, nous
communique, sur la crise parlementaire actuelle son opinion personnelle qu'il nous a
paru intéressant d'enregistrer.]

La loi constitutionnelle du 25 février
1875, relative à l'organisation des pouvoirs publics, porte, dans son article 6,
que :

« Les ministres sont solidairement responsables devant les Chambres de la po-

litique générale du gouvernement, et individuellement de leurs actes personnels. »

Et, dans son article 5, elle reconnaît au Président de la République le droit, sur l'avis conforme du Sénat, de dissoudre la Chambre des députés avant l'expiration directe de son mandat.

D'autre part, l'article 12 de la loi constitutionnelle du 16 juillet 1875, sur les rapports des pouvoirs publics, est ainsi conçu :

« Les ministres peuvent être mis en accusation par la Chambre des députés pour crime commis dans l'exercice de leurs fonctions. En ce cas, ils sont jugés par le Sénat. »

Enfin, l'article 9 de la loi du 25 février 1875 dispose que :

« Le Sénat peut être constitué en cour de justice pour juger soit le Président de la République, soit les ministres, et pour connaître des attentats commis contre la sûreté de l'Etat. »

Depuis l'interpellation Monis et les deux échecs que le cabinet Bourgeois a subis devant l'assemblée du Luxembourg, on discute avec vivacité dans les deux Chambres sur la portée de l'article 6 de la loi du 25 février 1875.

Les ministres sont responsables devant *les Chambres*, disent les sénateurs. La Constitution ne distingue pas entre les droits de l'une et ceux de l'autre. Il en est donc d'un ministère comme d'une loi : il n'existe qu'autant qu'il conserve la majorité dans les deux Assemblées législatives. Dès qu'il l'a nettement perdue dans l'une d'elles, il doit se retirer, encore bien qu'il la conserve dans l'autre.

Les députés contestent cette interprétation. A leurs yeux, le Sénat est une assemblée de contrôle législatif, une assemblée modératrice ; mais issu du suffrage restreint, il ne saurait prétendre à la direction gouvernementale sans violer la lettre sinon l'esprit des lois constitutionnelles. Et, à l'appui de leur thèse, ils citent les précédents de toutes nos Chambres Hautes et de la Chambre des Lords dans la Grande-Bretagne.

Ces arguments ne seraient peut-être pas très probants en présence d'un texte précis, si l'on n'en possédait pas d'autres.

Seulement, il en est un autre que développait jadis M. Floquet dans la conversation, avec la verve, avec la chaleur que donne une conviction puissante. Cet argument mérite d'être reproduit, parce qu'il semble bien donner raison à la Chambre des députés.

La Chambre des députés, disait M. Floquet, possède, par privilège constitutionnel, le droit de mettre en accusation un cabinet qui ne se retirerait pas après avoir été mis en minorité par elle. Son vote comporte donc une sanction immédiate.

Le Sénat, lui, peut contribuer par son vote à la dissolution de la Chambre des députés lorsque le Président de la République en prend l'initiative ; il peut aussi — il doit même — se constituer en Haute Cour de justice pour juger les ministres si la Chambre les a mis en accusation. Mais il ne peut pas les mettre en accusation lui-même, évoquer directement une telle affaire, pas plus qu'il ne peut dissoudre la Chambre *motu proprio*.

Si donc le Sénat interpelle le gouvernement, le met en minorité, et que néanmoins, comme c'est le cas aujourd'hui, celui-ci ne veuille pas se retirer, son vote manque de sanction. Il ne peut ni forcer le cabinet à s'y soumettre par la mise en accusation, ni briser la Chambre si le Président de la République s'y refuse.

Ces dispositions constitutionnelles, ajoutait l'ancien président de la Chambre, prouvent bien que, malgré l'ambiguïté du texte de l'article 6, la Constitution a voulu réserver la direction politique du pays à l'assemblée issue du suffrage universel. Les constituants n'ont pas pu insérer dans la loi pour l'une des Assemblées un droit dépourvu à tout le moins de sanction prochaine.

Cet argument est très puissant, très frappant, et, en doctrine, je me déclare convaincu par lui. Malheureusement, nous ne faisons pas, en ce moment, de la doctrine ; et ce qui se passe, à l'heure actuelle, prouve à l'évidence que la doctrine est d'un mince secours lorsqu'on se trouve en présence de deux adversaires dont aucun ne veut être convaincu, et lorsqu'il n'y a pas de juge pour les départager.

Ici, il existerait bien un juge : le Congrès ; mais ce juge est plutôt un arbitre, puisqu'aucune des deux parties n'a le droit de lui soumettre le litige sans l'aveu de l'autre, et sûrement, dans l'espèce, l'une d'elles, le Sénat, se refuserai. à l'arbitrage.

Il existerait aussi une autre autorité, une autorité supérieure, pour résoudre le conflit : le *Suffrage universel*, consulté par la voie de la dissolution de la Chambre. Mais cette autorité, le Sénat ne peut pas y recourir de lui-même, si le Président de la République n'en prend pas l'initiative ; et, si même le Président prenait cette initiative, il est peu présumable que la Chambre Haute donnât un avis favorable alors que les élections devraient être présidées par un cabinet qui lui serait hautement hostile.

La Chambre accepterait la dissolution avec un ministère Bourgeois, ou la réunion du Congrès pour résoudre le litige ; mais le Sénat repousse ces solutions. Le Sénat, par contre, dissoudrait volontiers la Chambre avec un cabinet Waldeck-Rousseau, Constans ou Dupuy ; mais la Chambre refuse de les lui donner.

Il n'y a donc aucune solution légale théorique au conflit.

Il y a longtemps que j'ai dénoncé ce vice de la Constitution de 1875 ; il y a longtemps que j'ai dit aux Chambres et au pays : « Revisez la Constitution pendant que rien d'essentiel ne vous divise ; et, soit que vous deviez renoncer à la dualité législative, soit que vous y deviez persévérer, faites au moins qu'il n'existe plus de situations légalement inextricables. » On n'a pas voulu m'écouter ; on m'a même accusé d'avoir déserté la foi républicaine parce que, dans le désespoir de modifier autrement ce nid à conflits, cet œuf de révolutions qui s'appelle la Constitution de 1875, j'ai cherché dans la popularité du général Boulanger la possibilité d'une revision. Et voilà qu'aujourd'hui mes prévisions se réalisent, et que les lois hybrides, les lois monarchico-républicaines, de 1875 produisent leurs effets prévus de désordre et d'anarchie.

En fait, du reste, s'il est exact de dire que les décisions du Sénat manquent de sanction immédiate, il serait inexact de prétendre qu'elles manquent de sanction d'une manière absolue.

Le Sénat peut, en effet, repousser le budget. C'est un droit que la Constitution lui accorde formellement.

Il est vrai que si le Sénat refusait le budget au cabinet Bourgeois, la Chambre pourrait aussi bien le refuser au cabinet Dupuy.

Et alors ?

Alors, il arriverait ce qui arrive toujours quand la loi est impuissante à sauver la nation d'un grand péril. Il arrive toujours dans ces cas que le nœud gordien, que la loi n'a pu dénouer, est tranché par quelqu'un : par une foule révolutionnaire ou par un pronunciàmiento militaire.

Seulement, ceci est théorique ; en pratique, nous n'en viendrons heureusement pas là. Nous n'en sommes plus à ces époques de mâle énergie où nul ne voulait céder, et où les solutions révolutionnaires n'effrayaient personne.

Aujourd'hui, nos énergies sont de vingt-quatre heures, et toute la question est de savoir chez laquelle des deux Chambres la résistance aura le plus de durée.

Laquelle des deux majorités est la plus tenace ?

Celle du Sénat est plus vraie, plus réelle, car elle se manifeste dans l'opposition, tandis que celle de la Chambre a besoin de la constitution du cabinet Bourgeois pour se manifester, et tomberait peut-être demain si ce cabinet était remplacé par un autre.

Mais, d'un autre côté, les masses électorales sont avec M. Bourgeois, et, comme la terreur de l'électeur est le commencement de la sagesse, la Chambre n'aura probablement pas l'occasion de voir fondre sa majorité au soleil d'un ministère nouveau, parce qu'elle ne renversera pas celui-ci.

En outre, les conseils municipaux se renouvellent en mai. Si le conflit s'accentue et passionne le pays, le corps électoral sénatorial peut être profondément modifié, et alors que deviendra la résistance du Luxembourg ?

Enfin, le Sénat courrait un grand danger à persister dans le conflit. La question révisionniste vient d'être, pour la première fois depuis vingt-cinq ans, vraiment posée dans les faits, et la continuation du conflit en amènerait probablement la solution. Or, n'oublions pas que si, ainsi que je le disais plus haut, la peur de l'électeur est le commencement de la sagesse pour les députés, pour les sénateurs, c'est dans la peur de la revision que le commencement de la sagesse réside.

On le voit, le problème comporte trop d'inconnues pour qu'il soit possible d'établir aujourd'hui des pronostics certains.

Mais il est une chose qui prime tous les raisonnements, toutes les déductions logiques. Le pays veut résolument des réformes, il veut le progrès. Et, même s'il blâme certaines lignes de la politique gouvernementale; même s'il estime que peut-être vaudrait-il mieux ne pas donner tant d'importance à ce qui se passe dans les cabinets des juges d'instruction ; même s'il juge qu'il serait préférable de ne pas autant subordonner le rôle de réformateur au rôle de justicier, il est avec le gouvernement contre le Sénat. Il y est d'autant plus, qu'en rejetant toutes les lois réformistes, le Sénat montre le bout de l'oreille réactionnaire, et que sa réclamation de la rectitude judiciaire se présente, par suite, au pays, sous la forme d'un prétexte à réaction.

Le pays est donc, malgré tout, avec le cabinet, et dans un gouvernement d'opinion, là où va le pays, là va la victoire.

Nul ne peut prédire comment les faits se dérouleront; mais ce qu'il est aisé de prévoir, aujourd'hui comme au 16 Mai, c'est que c'est à l'armée du progrès qu'en dernière analyse la victoire demeurera.

ALFRED NAQUET.

Разговоръ съ Альфредомъ Наке о новомъ министерствѣ.

(Отъ нашего корреспондента).

Только и разговору, что о новомъ министерствѣ. Что оно ново—это менѣе всего интересно: мало-ли новыхъ министерствъ приходится видѣть здѣсь. Но самое интересное для всѣхъ въ новомъ министерствѣ г. Леона Буржуа, это то, что оно сплошь радикальное (почти). Это еще въ первый разъ съ тѣхъ поръ, какъ стоитъ міръ... парламентскій по Франціи. Прежнія, такъ называемыя радикальныя министерства Бриссона, Флокэ и отчасти Буржуа были министерства коалиціонныя, или, какъ ихъ здѣсь называли и называютъ, министерства республиканской концентраціи. Послѣднія, по общему убѣжденію и признанію, отжили свой вѣкъ. Общая опасность еще могла соединять всѣ республиканскія фракціи въ одну сплоченную массу противъ монархистовъ, буланжистовъ и т. п.: тогда и министерства, представляя эту объединенную массу, состояли изъ представителей разныхъ республиканскихъ фракцій. Теперь, когда монархисты опасности болѣе не представляютъ, а буланжисты растворились въ другихъ партіяхъ, исчезнувъ сами, какъ партія, концентраціи оказались излишними, и министерства стали однородными (homogènes). Сначала прямо реакціонныя министерства Дюпюи и Казиміра Перье, а потомъ умѣренно республиканское министерство Рибо. Испробовавъ неудачно реакціонную и умѣренную политику республики, президентъ, слѣдуя указаніямъ послѣднихъ голосованій въ палатѣ и стоя, стало быть, на строго конституціонной почвѣ, призвалъ къ власти радикаловъ, хотя Кавеньякъ и Бертло (новые военный министръ и министръ иностранныхъ дѣлъ) скорѣе просто прогрессисты), чѣмъ радикалы,

Шумъ, поднятый всей прессой, при составленіи новаго кабинета, агитація противъ него—еще до появленія на сценѣ со стороны всей консервативной печати съ одной стороны; съ другой стороны—близкія отношенія, которыя существуютъ между многими членами новаго кабинета и депутатомъ Альфредомъ Накэ побудили меня отправиться къ извѣстному автору закона о разводѣ, бывшему *головой* буланжистской партіи, человѣку, по мнѣнію даже враговъ, украшающему палату депутатовъ своимъ обширнымъ умомъ, политическимъ опытомъ, краснорѣчіемъ и неподкупной честностью.

Réponse à l'administration de l'*Indicateur Israelite*
18 Rue Paul Bert à Lyon qui prenait
pour épigraphe la phrase d'isaïe Levaillant
« j'ai une notion très-exacte de notre race
qui est assurément la première aristocratie
du monde. »

Paris le 22 mai 1896
42 rue de mosou

Monsieur

Votre Circulaire porte en épigraphe la fameuse
phrase de Mr. Isaïe Levaillant. Or, j'ai dit à la Chambre
& je pense que cette phrase est absurde, fausse, dangereuse, de nature à donner un aliment à l'anti—
Sémitisme. Je désire, par suite, vous le Comprendrez,
demeurer étranger à une publication qui se place
sous le patronnage d'une pareille autorité, & je

Vous prie de ne pas faire figurer mon nom dans votre indicateur.

Veuillez agréer, Monsieur, l'assurance de ma Considération distinguée.

A. Naquet

Mr le Directeur de l'indicateur israélite — 18 Rue Paul Bert — Lyon — (Rhône)

———————————

Deuxième réponse à Mr Rivière administrateur de l'indicateur israélite qui m'écrit à la date du 27 mai que si le mot aristocratie est mal choisi, du moins il Croit pouvoir dire que « notre race est assurément la plus intelligente du monde » ajoutant qu'il classera mes nom & prénoms dans son indicateur

———————————

Paris le 29 mai 1896
42 rue de moscou

Monsieur

Je n'admets pas plus votre seconde interprétation que la première. Les israélites ne sont ni plus ni moins intelligents que les autres hommes. Je suis même porté à les croire quelque peu inférieurs par l'imagination, qui est la qualité maîtresse de l'intelligence humaine, & qui me paraît avoir eu son apogée dans la race Aryenne : nous n'avons jamais eu de savants comme Lavoisier, de poètes comme Victor Hugo, de romanciers

Comme Alexandre Dumas, de prosateurs comme Lamartine, et, en musique seulement, notre race a produit des génies.

Mais eussiez-vous raison, qu'il serait souverainement maladroit de l'afficher. C'est avec ces sentiments de vanité & d'ostentation que l'on blesse les autres. Quand vous dites à l'immense majorité de vos concitoyens que vous leur êtes supérieurs, vos concitoyens qui n'en croient rien, & qui ont raison d'ailleurs de n'en rien croire, voient en vous un instinct de domination qui, détestable même dans une majorité, devient absurde dans une minorité, & l'antisémitisme y puise ses plus profondes racines.

J'insiste donc absolument pour que mon nom ne figure pas dans votre indicateur.

Veuillez agréer l'assurance de ma considération distinguée.

A. Naquet

L'Eclair du 30 mai 1896 (9me année - n° 2742) (1)

OPINIONS
LE PROJET COCHERY

Nous comprenons mieux que jamais pourquoi on s'obstinait à critiquer le projet Doumer, sans lui rien opposer de précis. Nous connaissons à peu près, maintenant, le projet Cochery. Il ne soutient pas l'examen.

Au fond, en quoi consiste-t-il ? Il remplace l'impôt des portes et fenêtres par un impôt sur la rente, grossi d'un accroissement de taxe sur les valeurs mobilières. Le reste est accessoire : il y a en outre une opération de vingt à trente millions

(1) mis là par mégarde - aurait dû être aux annexes simples t. VI p. 49

sur les créances hypothécaires, qui est la seule bonne partie du projet ; un léger dégrèvement des propriétés non bâties compensé et au-delà par une surcharge sur les propriétés bâties ; une prétendue suppression de l'impôt mobilier, qu'en fait on se borne à débaptiser en modifiant son mode d'établissement. Voyons ce que valent ces diverses mesures et tout d'abord l'impôt sur la rente.

Ce n'est pas moi, on le devine sans peine, qui condamnerai cet impôt comme illégitime. C'est une véritable plaisanterie de dire qu'en taxant la rente, l'État joue le rôle d'un débiteur qui abuse de son pouvoir, pour réduire les intérêts qu'il a accepté, par contrat, de payer à son créancier. En effet, vis-à-vis du rentier qui habite la France, l'État n'est pas seulement un débiteur, il est un fournisseur en même temps. Il lui assure la sécurité des routes, la satisfaction de tous les besoins d'un pays civilisé. Comme emprunteur, l'État doit au rentier les intérêts de l'argent qu'il en a reçu. Comme habitant de la France, le rentier doit à l'État sa quote-part des sommes nécessaires aux services publics ; et son revenu ne peut pas être plus exempt que tous les autres de cette charge commune. L'impôt sur la rente est donc absolument légitime, je le reconnais tout d'abord.

Reste à savoir s'il est habilement établi ; et c'est là que les objections s'élèvent. Le projet Doumer, lui aussi, taxe les revenus provenant de la rente ; mais il les taxe de façon à ne point porter atteinte au crédit de notre principal titre d'État. Il les taxe dans la masse, sans viser directement leur origine. Le même titre de rente, suivant qu'il formera par partie intégrante d'un revenu de 2,000 francs, ou de 5,000, ou de 7,000, ou de 15,000, ou de 25,000, ou de 100,000 francs, profitera de l'exemption générale dans le premier cas, et payera 1, ou 2, ou 3, ou 4, ou 5 0/0 dans les autres. Il semble impossible, dans cette situation, d'exercer une influence sérieuse sur la valeur en bourse.

En outre, dans le projet Doumer, la rente conserve un avantage sur les autres titres financiers, puisque ceux-ci continuent de payer, en sus de l'impôt sur le revenu, l'impôt de 4 0/0 sur les valeurs mobilières. L'écart actuellement existant entre ces valeurs et la rente est donc maintenu.

Est-ce pour assurer un privilège aux rentiers, que j'approuve le projet Doumer d'avoir ménagé ainsi de deux façons le crédit de la rente perpétuelle ? Point du tout : c'est dans l'intérêt du Trésor. Il faut bien le dire : le véritable impôt sur la rente, ce sont les conversions. Nous avons réduit naguère une partie de notre dette de 4 1/2 à 3 1/2. Faites le calcul, et vous verrez que sans établir l'impôt à proprement parler, par les seuls progrès de notre crédit, nous avons prélevé au profit du budget, sur une partie des rentiers, non pas 1.50 0/0, mais 22 0/0 de ce que nous leur payions, ou près de cinq fois plus. Laissez le 3 0/0 monter assez pour que nous puissions le convertir au prix de 2 3/4 comme l'ont fait les Anglais (cela viendrait vite si l'on ne faisait pas de sottises financières) et c'est un bénéfice de plus de 8 0/0 que nous réaliserions sur les charges de la rente. Il me semble qu'il y a un intérêt de premier ordre à ne point compromettre ces vastes opérations, infiniment plus productives que tous les expédients financiers. Or, en imposant la rente comme les autres valeurs, M. Cochery dévore purement et simplement le profit des conversions futures, puisqu'il arrête manifestement le progrès des cours qui aurait pu les rendre possibles. Et, là est la différence entre les deux politiques financières. Le projet Doumer imposait les revenus tirés de la rente, sans toucher aux conversions prochaines. Le projet Cochery les sacrifie pour une recette immédiate. C'est ce que Panurge appelait « manger son blé en herbe ».

Mais le caractère le plus grave du projet Cochery, c'est qu'il sacrifie absolument la grande mesure résolue par le cabinet Bourgeois : faire payer aux riches leur juste part d'impôts, pour dégrever la démocratie, et particulièrement la démocratie rurale.

Ah! M. Méline pourra se vanter dorénavant d'être l'ami des campagnes! Voyons un peu ce qu'il fait pour elles.

On a mis comme trompe-l'œil un petit dégrèvement de dix millions sur les propriétés non bâties : dégrèvement absurde, fait au hasard, contre tout bon sens. L'impôt foncier que payent les terres, étant établi sur un cadastre suranné, est un perpétuel défi au bon sens. Tel département paye le double ou le triple d'un autre. Mais dans le même département, telle commune paye cinq ou six fois plus qu'une autre. *Et dans la même commune, le contribuable paye cent et cent cinquante fois plus que son voisin.*

J'étais, il n'y a pas vingt-quatre heures, dans une commune rurale de ma circonscription, où se trouvent, tout près l'une de l'autre, des pentes de collines plantées d'oliviers — c'était une fortune sous la Restauration — et d'anciens champs de cailloux pris sur la Crau, où, avec des irrigations, on fait des prairies exubérantes, et des primeurs incomparables. Les vergers d'oliviers sont ruinés par la concurrence italienne, espagnole et africaine : on en est venu à arracher les arbres. Les parties arrosées de l'ancien désert de Crau ont une prospérité incomparable. J'en causais naguère avec le maire, au milieu d'un groupe de cultivateurs du pays. Et ils me disaient que des terres d'un revenu égal, pour la même étendue, payent, les unes plus de quarante francs, et les autres 35 centimes!

Avec ces inégalités qui touchent à la démence, si l'on dégrève en bloc tel département qui en moyenne paye plus de 4.50 0/0, en laissant intact l'impôt des autres, on dégrèvera, dans les uns, des contribuables qui ne payent qu'une fraction insignifiante de leur juste part, et on laissera surchargés, dans les autres, des contribuables qui la payent dix et vingt fois.

C'est la dernière des absurdités de rien essayer sur l'impôt foncier, avant d'avoir refait le cadastre, et de posséder des évaluations sérieuses. Il vaudrait mieux tirer au sort le nom de ceux que l'on dégrèvera. C'est ce que Doumer avait compris. Pour l'impôt des propriétés non bâties, il prenait la seule mesure sérieuse : il demandait à l'impôt sur le revenu les quelques millions nécessaires pour achever rapidement le travail d'évaluation préliminaire. Voilà le véritable service à rendre à l'agriculture. Après cela, la réforme se fera toute seule.

Mais ces dix millions qu'on se vante de donner aux campagnes d'un côté (et si mal !) on les lui prend de l'autre. On surcharge de dix-huit millions l'impôt des propriétés bâties en l'élevant de 3.80 à 4.50 0/0 du revenu évalué. Or, au village, la grande majorité de la population, même pauvre, a sa maison à elle, bien misérable, hélas ! Et comme, dans le plus grand nombre des départements, la diminution consentie sur l'impôt des terres cultivées n'aura aucun effet, parce que la moyenne sera au-dessus de 4.50 0/0 — pour ceux-là, il y aura surcharge sur la maison, sans qu'il y ait dégrèvement sur le champ.

Ce sera un joli résultat.

Reste la prétendue réforme de l'impôt mobilier qui à elle seule vaudrait un article à part. Car c'est là ce qu'il y a de plus révoltant dans le projet. Elle est faite des propositions qui naguère soulevaient les huées de la Chambre, y compris M. Cochery. Pour la Ville de Paris, par exemple, on exempterait les loyers au-dessous de 400 francs. Aujourd'hui, ils sont exemptés jusqu'à 500 francs. On frapperait, par conséquent, un grand nombre de ceux que l'Empire avait dégrevés.

Mais un chiffre dit tout à cet égard.

Le projet Doumer exemptait de l'impôt sur le revenu quatre-vingt-dix contribuables sur cent.

Le projet Cochery en exempte soixante pour cent.

C'est-à-dire que pour ménager les riches, il frappe un tiers du chiffre total des contribuables que le projet Doumer exemptait !

Nous aurons l'occasion d'en reparler. Je constate seulement qu'un tel projet, qui semblerait réactionnaire, même à Berlin, est un véritable défi porté à la démocratie.

Est-ce qu'on veut faire prendre aux paysans leurs faucilles pour chasser ceux qui naguère encore prétendaient être leurs seuls amis ?

Camille Pelletan.

ibidem

L'IMPOT SUR LA RENTE

Opinion de M. Ribot, publié par le *Gaulois* :

—Mon opinion est connue ; elle est conforme à celle que M. Léon Say a défendue jusqu'à la fin de sa vie.

» Lorsqu'au mois d'octobre 1895 j'ai déposé un projet de loi sur la réforme de la contribution mobilière, je me suis prononcé contre l'impôt sur la rente, parce que j'estimais, comme j'estime encore, que l'Etat doit avant tout donner l'exemple du respect de ses engagements.

» Rien n'empêchait l'Etat, lorsqu'il a fait des conversions, de déclarer que la rente pourrait être frappée d'un impôt comme les autres valeurs mobilières.

» On a promis, au contraire, de faire jouir les nouveaux titres des immunités attachées aux anciens titres : il n'a jamais été question de frapper la rente d'un impôt : et je considère comme un acte un peu arbitraire d'opérer aujourd'hui une retenue, sans donner au porteur la faculté de se faire rembourser au pair.

» L'Etat a plus à perdre qu'à gagner à une pareille mesure.

» La question s'est présentée incidemment en 1895, au mois de mai, lors de la discussion du budget des finances, sous forme d'une proposition de M. Marcel Sembat, tendant à inviter le gouvernement à frapper la rente d'un impôt égal à celui des autres valeurs mobilières.

» J'ai demandé à la Chambre de repousser cette proposition, qui fut rejetée par 65 voix environ.

» Depuis, je n'ai pas varié d'opinion et je voterai contre toute proposition semblable, dussé-je, cette fois, me trouver d'accord avec M. Doumer et avec M. Bourgeois qui, en 1895, si je ne me trompe, a voté le projet de M. Sembat, ainsi que la plupart de ses amis du parti radical. »

Ajoutons, comme détail curieux, que le 15 mars 1895 MM. Méline, Cochery, Barthou, Boucher — les gouvernants d'aujourd'hui — votèrent contre la proposition Sembat tendant à obtenir du cabinet Ribot qu'il présentât un projet d'impôt sur la rente.

L'Éclair du mercredi 3 juin 1896 — 9e année — n° 2716

LE DIVORCE

UN ÉPOUX DIVORCÉ PEUT-IL ÉPOUSER LA SŒUR DE SA PREMIÈRE FEMME

Un procès pendant devant la première chambre
Les conclusions du ministère public. — Le
divorce et la mort. — Les effets du
divorce. — Les arguments en
présence. — L'opinion de
M. Naquet

La question dont est saisie actuellement la 1re chambre du tribunal civil, à propos d'un cas de mariage après divorce, mérite à plus d'un titre de fixer l'attention publique. Il s'agit de décider si l'époux divorcé ou l'épouse peut, sans dispenses préalables, épouser son ancien beau-frère ou son ancienne belle-sœur.

Aujourd'hui, le ministère public poursuit d'office la nullité d'un mariage : celui d'un époux divorcé qui a épousé, une année après son divorce, la sœur de sa première femme.

Or, de ce mariage qui a été célébré le 16 juillet 1891, sont issus deux enfants. C'est donc cinq années après la célébration du mariage que le parquet s'avise de le faire annuler.

En dehors de la question de principe que le tribunal doit trancher, cette semaine, il y a la question d'espèce. Plus d'un s'étonnera, alors même que la thèse soutenue par le parquet l'emporterait, ce qui n'est pas certain, que le ministère public ait mis cinq années à se préoccuper de connaître une situation de mariage anormale. Pendant ce long espace de temps, deux enfants sont nés. Une femme a pensé donner le jour à des enfants légitimes ; elle a cru être soutenue par la loi et c'est la loi qui se retourne contre elle et la frappe.

Cependant le maire doit refuser de célébrer un mariage quand il s'aperçoit qu'existent des empêchements dirimants ou susceptibles de rendre l'union contractée annulable et de plus, pour les cas où les officiers de l'état civil se seraient trompés, des juges de paix sont commis chaque année à l'effet de contrôler les actes de l'état civil et de signaler les irrégularités.

L'initiative des parquets

Si le ministère public avait dû poursuivre d'office la nullité de ce mariage, il aurait dû intenter l'action au plus tard au début de l'année 1892. Il est difficilement recevable à arguer que ce n'est qu'en 1896 qu'il a eu connaissance du fait de nullité sur lequel il appuie son argumentation. Son intervention, pour être si tardive, est bien cruelle. N'eût-il pas été préférable en présence de cette union accomplie depuis cinq années et de la naissance de deux enfants, de ne pas tenter de retirer à une femme la possession d'état d'épouse qu'elle avait obtenu et à ses enfants la possession d'état de fils légitimes ? De tels procès intentés à la requête du ministère public sont de nature à porter atteinte à l'institution même du mariage. Ils ne font pas l'éloge de ceux qui jettent le trouble dans les ménages, accablent une femme et des enfants sous prétexte de faire juger un point de droit intéressant. Ce procès est immoral et son immoralité est le fait de la magistrature.

Si durant cinq années le parquet a ignoré la situation particulière d'un ménage, qui donc l'en a instruit après de longs mois écoulés depuis la célébration de ce mariage, et devait-il prendre tant à cœur les intérêts de la personne — peut-être dans l'espèce celle qui fut la première épouse du marié — quand elle n'a songé à se plaindre que si longtemps après que le divorce ait été prononcé ?

Aussi en vient-on à regretter que des délais de prescription à cet égard n'aient pas été prévus par la loi. C'est ce que nous disait M. Naquet que nous interrogions sur ce cas particulier et qui, avec cet esprit libéral et large qui l'a tant aidé à vaincre les résistances de ceux qui s'entêtaient à refuser le rétablissement du divorce, regrettait devant nous que de semblables procès puissent avoir lieu.

L'opinion de M. Naquet

—La question qui se pose, nous a dit le député de Vaucluse, est fort intéressante. L'époux divorcé peut-il épouser son ancienne belle-sœur ? Oui, si la loi générale de notre Code au titre du mariage autorise un époux dont la femme est morte d'en épouser la sœur et sous les mêmes obligations, car le divorce prononcé place les époux dans les mêmes conditions que si leur mariage avait été dissous par la mort. Il est très logique de ne pas demander au divorcé de produire des effets plus radicaux que la mort même. De plus, cette manière de voir lève toutes les difficultés. Dès que le divorce est prononcé, abstraction faite des cas que la loi a prévus — tel celui où le divorce ayant été accordé pour adultère, l'auteur principal émettrait l'intention d'épouser son complice — on rentre dans la règle générale du Code. Ce qui est permis à l'époux dont le mariage a été dissous par la mort de son conjoint, l'est à l'épouse qui a obtenu le divorce contre son conjoint.

Dès lors, si un divorcé veut épouser son ancienne belle-sœur, comme il devrait demander une dispense si la mort de sa première femme l'avait laissé libre de contracter une nouvelle union, il n'est pas douteux qu'il le doit également dans le cas de divorce.

Mais, maintenant, nous admettons que le maire a passé outre. Il a négligé d'exiger la dispense prévue par l'article 162 du Code. Le mariage est-il nul et peut-on l'attaquer comme tel ? Cela revient à se demander si l'obligation imposée par l'article 162 est de celles qui permettent d'attaquer en nullité le mariage conclu sans qu'elles aient été remplies à toutes époques et sans que les intéressés puissent se prévaloir d'une prescription quelconque.

Or, la réponse n'est pas douteuse. L'article 184 dit expressément que tout mariage contracté en contravention aux articles 144, 147, 161, 162 et 163, peut être attaqué soit par les époux eux-mêmes, soit par tous ceux qui y ont intérêt, soit par le ministère public.

L'empêchement dont il est question dans l'article 162 est dirimant. Le parquet est donc rigoureusement dans son droit en poursuivant d'office la nullité de ce mariage. Eût-il mieux fait, en raison du temps écoulé et de la naissance de deux enfants, de laisser cette initiative à d'autres ? C'est là une opinion que l'on peut raisonnablement soutenir, mais on est obligé de reconnaître qu'il n'a pas outrepassé son droit.

Délais de prescription

Pour éviter le retour de pareilles surprises, j'estime qu'il serait temps de reprendre un projet de loi qui fut déposé par mon ancien collègue M. Saint-Martin et qui traite des empêchements au mariage.

Quand le divorce a été prononcé pour adultère, l'époux coupable ne peut pas se remarier avec son complice. Mais lorsqu'un mari, passible alors de peines qui n'atteignent que lui, a quand même passé outre à la célébration du mariage, nul ne peut attaquer cette union. Elle est valable.

Quand un mariage a été contracté sans le consentement des parents dont l'approbation était requise, il suffit qu'une année se soit écoulée sans réclamation de leur part depuis qu'ils ont eu connaissance du mariage pour qu'ils ne puissent plus intenter d'action en nullité. De même, lorsqu'il y a eu erreur sur la personne, la demande en nullité n'est plus recevable toutes les fois qu'il y a eu cohabitation continuée pendant six mois depuis que l'époux a acquis sa pleine liberté ou que l'erreur a été par lui reconnue. Encore, l'époux qui a atteint l'âge compétent pour consentir par lui-même à son mariage et qui a laissé passer six mois depuis ce moment sans protester ne peut plus intenter une action en nullité contre le mariage célébré avant qu'il ait eu l'âge nécessaire.

Il s'agit d'assimiler tous les autres cas de nullité à ceux-là et pour tous, de faire courir des délais de prescription. Si l'on avait ajouté à la loi sur le divorce un article énonçant l'idée suivante : « Nul ne pourra intenter une action en nullité contre le mariage contracté par un époux divorcé dès qu'un enfant sera né de la nouvelle union ou dès qu'une année se sera écoulée sans réclamation », le ministère public n'aurait pu tenter de faire juger qu'une union est nulle alors que cinq années ont passé depuis la célébration du mariage et que deux enfants sont nés.

Le procès en instance de jugement

Mais suit-il de ce qui précède que dans le cas qui nous occupe, le parquet aura raison devant le tribunal ? Celui-ci n'a pas à juger si dans l'espèce l'intervention du ministère public n'a pas quelque chose de pénible et de cruel. On lui soumet un point de droit, il lui appartient de le trancher. Si donc le tribunal admettait la façon de voir dont je vous énonçais tout à l'heure le principe, à savoir que le divorce ne produit pas d'effets plus radicaux que la mort, il prononcerait la nullité du mariage à la requête du ministère public. Les époux en seraient quittes pour demander la dispense nécessaire qu'on ne penserait peut-être pas à leur refuser et à contracter une nouvelle union. Les enfants seraient légitimés, ce qui est possible, puisque nés depuis le prononcé du divorce, ils ne sont pas adultérins.

Mais, à voir la façon dont le procès s'est déroulé devant la première chambre, j'augure que tout autre sera la décision des juges.

La jurisprudence s'est déjà prononcée, allant plus loin que la théorie que je soutenais tout à l'heure; elle semble admettre que le divorce produit des effets plus radicaux encore que la dissolution du mariage par la mort de l'un des époux. De l'aveu du ministère public même, elle a reconnu que l'obligation alimentaire imposée au gendre ou à la belle-fille envers les beaux-parents ne survit pas au prononcé du divorce. C'est reconnaître que le divorce détruit toute alliance. Dès lors, vous n'avez pas à demander une dispense pour épouser votre belle-sœur parce qu'elle est censée ne l'avoir jamais été.

Puisque la jurisprudence s'est déjà prononcée dans ce sens, il n'y a pas de raison pour qu'elle revienne sur sa décision. Il en faut conclure que le divorce est plus fort que la mort.

Ce n'est pas moi qui me plaindrai de la doctrine de la jurisprudence. Elle tend à augmenter la liberté humaine, j'y souscris, mais je persiste à penser qu'il y a lieu, dans l'intérêt général, d'instituer des délais de prescription après lesquels nulle action en nullité ne sera recevable.

Telle est en résumé l'intéressante consultation que nous a donnée M. Naquet sur ce point spécial ; maintenant attendons les débats.

M. le président. La parole est à M. Naquet.

M. Alfred Naquet. Messieurs, lorsqu'il y a quelques mois le cabinet de l'honorable M. Méline est arrivé aux affaires, je m'attendais, de sa part, je l'avoue, à tout autre chose, comme projet et comme programme, qu'à ce qu'il nous a apporté.

Depuis plusieurs années, le vieux système de la concentration républicaine qui était nécessaire à l'époque où il y avait en France deux seuls partis : celui qui luttait pour l'établissement de la République et celui qui combattait contre l'avènement de ce régime, le vieux système de la concentration républicaine a été dénoncé de tous les points de cette Assemblée, aussi bien de droite que de gauche. On a compris que dès l'instant où la République était arrivée à ce point qu'elle n'est plus contestée que par une infime minorité dans le pays, au moins quant à sa forme, il était indispensable de s'engager dans la voie où sont entrés tous les pays à régime représentatif, d'avoir des wiggs et des tories, des radicaux et des modérés, en un mot, d'avoir deux partis prêts à alterner au pouvoir, par la raison que nul ne peut affirmer qu'il ne commettra jamais de fautes en politique et qu'il importe à l'avenir des institutions établies que quand un parti se rend impopulaire par les fautes qu'il commet au cours de sa gestion politique, un autre parti également respectueux de ces institutions soit là pour recueillir sa succession.

Nous avions eu un cabinet radical, le cabinet de l'honorable M. Bourgeois, qui était arrivé ici et qui nous avait dit : « l'heure du repos n'a pas encore sonné », car toute la question est là. Personne de nous, pas même les socialistes les plus outrés, ne prétend que le progrès se fasse d'une manière indéfinie suivant une ligne droite. Tout le monde reconnaît que la loi générale de tout ce qui vit, aussi bien des sociétés que des hommes et de la nature, est de passer par des périodes d'activité et de repos qui se succèdent. Toute la question est de savoir où doit finir la période d'activité, où doit commencer la période de repos.

M. Bourgeois nous avait dit : « Nous sommes en pleine période d'activité; la période de repos n'a pas commencé, nous avons des réformes à faire voter par le Parlement. » On l'a renversé. Évidemment, c'est parce qu'on trouvait qu'il avait tort, car je ne suppose pas que l'unique but du renversement du cabinet Bourgeois ait été le remplacement de M. Bourgeois par M. Méline.

On a pensé que M. Bourgeois avait tort en supposant que nous étions encore en pleine activité; c'est pour cela je suppose, et je ne peux pas supposer autre chose, qu'un cabinet modéré est arrivé sur ces bancs. Dès lors, je m'attendais à entendre ce cabinet parler le langage de la modération et du conservatisme républicain; je m'attendais à l'entendre nous dire : Voyez donc combien de réformes nous avons accomplies dans ce pays depuis vingt-cinq ans ! Il aurait montré la République substituée à la monarchie, les réformes réalisées dans l'armée, dans les finances, dans l'instruction publique. Puis il nous aurait dit : L'heure est venue de faire halte; le pays est fatigué, il ne veut plus de cette marche en avant indéfinie, il a besoin d'un temps d'arrêt pour — permettez-moi l'expression — digérer les réformes que nous lui avons données...

M. Toussaint. Elles ne sont pas difficiles à digérer !

M. Alfred Naquet. ...pour se les assimiler et pour puiser ainsi dans cette assimilation des forces nouvelles en vue d'une nouvelle étape qui sera à reprendre plus tard.

Voilà le langage que je supposais devoir être tenu; et, au fond, je crois bien — car je ne fais pas l'injure aux ministres qui sont sur ces bancs de croire qu'ils n'ont renversé l'honorable M. Bourgeois et ses collaborateurs que par un pur sentiment d'intérêt personnel — je crois bien qu'ils ont senti qu'en réalité le pays n'est pas avec eux, qu'il n'est pas avec les modérés, qu'il veut encore des réformes (*Très bien ! très bien ! à l'extrême gauche et à gauche*), que l'heure de la halte n'a pas encore sonné, que, s'ils venaient tenir ici ce langage d'un gouvernement modéré, ils auraient peut-être une majorité dans quelques années, alors que les réformes que nous devons accomplir seront accomplies, mais qu'ils n'auraient pas la majorité demain.

Dans leur for intérieur, ils croient, d'autre part, honorablement, honnêtement, que cette halte est nécessaire, et ils cherchent à donner le change au pays.

M. le ministre des finances. Permettez, monsieur Naquet! C'est une erreur absolue de croire que le parti modéré est l'ennemi des réformes. (*Très bien! très bien! au centre.* — *Exclamations à gauche et à l'extrême gauche.*) Oui, messieurs, le parti modéré est l'ami des réformes, mais des réformes vraiment pratiques et durables, et, depuis vingt-cinq ans, toutes les grandes réformes qui ont été accomplies, l'ont été par lui et par son concours. (*Applaudissements au centre.* — *Interruptions à l'extrême gauche.*)

M. Charles Ferry. Il n'y a que le parti modéré qui ait fait des réformes.

M. Alfred Naquet. L'honorable ministre des finances me dit : « Le parti modéré est partisan des réformes. »

Je le veux bien, mais enfin je ne puis pas ne pas me rappeler que, quand Newton découvrit la loi de la gravitation universelle, il ne dit pas : « Les corps s'attirent en raison directe de leur masse et en raison inverse du carré de la distance. » Il dit : « Tout se passe comme si les corps s'attiraient en raison directe de leur masse et en raison inverse du carré de la distance. » (*Rires sur divers bancs à gauche et à l'extrême gauche.*) Malheureusement tout se passe aujourd'hui comme si les modérés voulaient donner le change au pays et lui faire supposer qu'ils sont les véritables réformateurs (*Oui! oui! au centre*) en vue de pouvoir continuer à garder le pouvoir et d'éviter les réformes.

M. Charles Ferry. Ils sont les seuls réformateurs!

M. Alfred Naquet. Il paraît qu'il n'en est pas ainsi. Le parti modéré est l'ami ardent des réformes...

M. Charles Ferry. C'est sa raison d'être!

M. Alfred Naquet. ... seulement, comme le disait l'autre jour M. Waldeck-Rousseau, il est essentiellement opportuniste; il ne fait les réformes qu'au moment opportun, quand elles sont sages, mûres, voulues par le pays.

Eh bien, voyons! Pour ma part, je le déclare, je n'ai jamais été inféodé à aucun groupe. Si j'ai pu avoir, comme tant d'autres, dans cette enceinte, certaines ambitions que l'énorme consommation de ministres que l'on a faite depuis vingt ans aurait pu justifier, il est arrivé un moment où j'ai livré une grande bataille, que j'ai

perdue et qui m'a disqualifié au point de vue du parti actuel, pour toute espèce de candidature ministérielle. Dès lors, je suis personnellement absolument désintéressé. Une seule chose m'intéresse, c'est le succès de mes idées, le succès de ce que je crois juste, équitable, bon. Si donc le Gouvernement actuel m'apportait une réforme que je crusse sage, utile, bonne, équitable, profitable au pays, l'honorable M. Cochery peut être persuadé qu'aucune passion personnelle ou politique ne m'empêcherait de l'accepter; je serais le premier à la défendre.

Mais que nous apporte-t-il? Il nous apporte un soi-disant dégrèvement de la propriété foncière sur lequel je n'ai pas à revenir, car successivement M. Raiberti et M. Gauthier (de Clagny) en ont fait justice en montrant que ce dégrèvement n'a rien de sérieux.

Il nous apporte une taxe d'habitation, qui a été également très finement étudiée et critiquée tout à l'heure et qui, d'ailleurs, n'est que la réédition, à quelque petites modifications près, d'une taxe portant le même nom qui nous avait été présentée par M. Burdeau, il y a deux ans et demi, et qu'à cette époque la commission du budget, émanée de la même Chambre, repoussa à l'immense majorité.

M. le ministre des finances. Ce n'est pas la même chose.

A l'extrême gauche. Si! si!

M. Alfred Naquet. Il nous apporte un impôt sur les créances hypothécaires, impôt qui a été essayé à deux reprises dans ce pays, une première fois en 1848 et une seconde fois en 1872. Il fut établi en 1848 et il fut abrogé en 1849; il fut établi en juin 1872 et il fut abrogé en décembre 1872, parce que dans ces deux cas — et les hommes qui étaient alors à la tête de nos administrations financières, c'était M. Thiers en 1872, — étaient certainement, quelle que soit d'ailleurs sa compétence, à la hauteur du ministre actuel — parce que dans ces deux cas ils n'ont pas trouvé le moyen, que M. le ministre actuel ne trouvera pas plus qu'eux, de régler l'incidence de l'impôt. Cet impôt a été abrogé par deux fois, parce qu'il retombait sur le débiteur. Et on se trouvait alors — veuillez le remarquer — dans une situation beaucoup plus favorable qu'aujourd'hui, au moins en 1848.

Comme en 1848 cet impôt n'avait jamais été proposé, les contrats antérieurs ne contenaient pas ces dispositions qu'exposait tout à l'heure à cette tribune M. Gauthier (de Clagny); on n'y rencontrait pas cet engagement de faire porter l'impôt sur le débiteur, de telle sorte que le législateur de 1848 put au moins faire porter l'impôt sur le créancier pour toute la durée des contrats en cours. Pour ceux-là seuls qui vinrent après il fut impuissant à régler l'incidence de l'impôt. Voilà pourquoi la taxe fut abolie. Vous, vous ne bénéficierez ni des contrats en cours ni des contrats à venir. Voilà la différence entre la situation actuelle et celle de 1848. Elle n'est pas à votre avantage.

Je ne parlerai pas de l'impôt sur les valeurs étrangères sur lequel MM. Raiberti et Gauthier (de Clagny) ont dit tout ce qu'il y avait à dire. J'arrive à ce qui est la pièce principale de cet édifice génial que vous voulez nous élever : l'impôt sur la rente française.

A mon sens, cet impôt est une véritable banqueroute. J'estime que le mot n'est pas trop fort parce que la faillite, la banqueroute, consistent dans la violation des engagements, des contrats, et que cette violation des engagements et des contrats se rencontre certainement dans l'espèce qui nous occupe. (*Très bien! très bien! à l'extrême gauche.*) J'estime que l'impôt sur la rente est à la fois un acte d'improbité financière et de détestable administration. (*Réclamations au centre.*)

M. le président. Monsieur Naquet, veuillez, je vous prie, modérer vos expressions. (*Bruit à l'extrême gauche.*)

M. Gustave Rouanet. Le mot de « banqueroute » a bien été prononcé par Mirabeau dans son grand discours, en 1789!

M. le président. Je le sais par cœur, ce discours, mais il ne s'adressait pas directement à des personnes.

M. Alfred Naquet. Je suis trop respectueux de la fonction présidentielle et de la personne qui l'exerce pour ne pas déférer immédiatement à votre observation.

Je ne me suis adressé à personne ; je me suis borné à qualifier une mesure et je crois pouvoir dire que, si je fais la démonstration que l'impôt sur la rente est établi en violation des engagements et des contrats, j'aurai le droit de qualifier cet impôt de mesure d'improbité financière. Si je ne fais pas cette démonstration, le mot tombera de lui-même et personne ne s'en plaindra. (*Très bien! très bien! à l'extrême gauche.*)

Messieurs, pour examiner la nature du droit, — car c'est le droit que je veux examiner d'abord ; le droit, c'est la question principale, — il importe de remonter un peu loin.

De 1552 à 1789, sous l'ancienne monarchie, les créanciers de l'Etat n'avaient pas subi moins de cinquante-six banqueroutes partielles sous forme de retranchements de quartiers ; et cet état de choses avait placé le crédit public à une si grande hauteur qu'un déficit, qui serait insignifiant pour notre époque, ouvrit l'ère de la Révolution française. La Constituante se réunit. Cette situation du crédit public, la loyauté de l'Etat vis-à-vis de ses créanciers lui tenaient au cœur, et le 17 juin 1789, le jour même où le tiers-Etat avait pris le nom d'Assemblée nationale, les députés de cet ordre adoptèrent la motion suivante :

« L'Assemblée s'empresse de déclarer qu'aussitôt qu'elle aura de concert avec Sa Majesté fixé les principes de la régénération nationale, elle s'occupera de l'examen et de la consolidation de la dette publique, mettant dès à présent les créanciers de l'Etat sous la garde de l'honneur et de la loyauté de la nation française. »

Le 13 juillet, l'Assemblée déclarait « que la dette publique ayant été mise sous la garde de l'honneur et de la loyauté de la nation française, et la nation ne se refusant pas à en payer les intérêts, nul pouvoir n'a le droit de prononcer l'infâme mot de banqueroute, nul pouvoir n'a le droit de manquer à la foi publique sous quelque forme et dénomination que ce puisse être. »

Ces déclarations furent renouvelées le 9 août 1789, au lendemain d'un emprunt de 30 millions qui avait échoué, et le 27 août, à la veille d'un emprunt de 80 millions qui n'eut point davantage de succès. L'Assemblée déclara « qu'il ne pourrait être fait aucune nouvelle retenue ni réduction quelconque sur aucune des parties de la dette publique ».

Un an plus tard, l'Assemblée nationale rendait le décret des 4 et 10 décembre 1790, que M. Raiberti vous a lu tout au long dans la séance d'hier et qui se terminait, je le rappelle, par ces mots : « L'Assemblée déclare qu'il n'y a pas lieu à délibérer sur la motion qui lui a été présentée, tendant à établir une imposition particulière sur les rentes dues par l'Etat. »

C'était, comme l'a dit M. Raiberti, la question préalable opposée à une proposition de la même nature que celle dont vous êtes saisis aujourd'hui.

Je ne vous rappellerai pas, messieurs, afin de ne pas allonger le débat, les paroles enflammées que prononçait Mirabeau et dont quelques-unes vous ont été lues hier, flétrissant toute espèce d'impôt sur la rente. Il est vrai que la Convention entra dans une voie différente de celle où s'était placée l'Assemblée constituante. La Convention considéra les rentiers de l'Etat comme devant être assimilés aux propriétaires du sol et elle considéra que le même impôt qui frappait le propriétaire du sol devait frapper le rentier.

Mais, d'une part, vous m'accorderez bien que si nous admettons, en ce qui concerne la Convention, la théorie du « bloc » qu'apportait un jour M. Clémenceau à cette tribune, ce ne sera pas, du moins, en matière financière que nous pourrons l'appliquer.

La Convention arrivait dans une époque particulièrement troublée, où les impôts ne rentraient pas, où l'on était à une telle distance de tous les emprunts et de toutes les conversions que cette question n'avait aucun intérêt pour l'Etat; la Convention vivait de la multiplication indéfinie des assignats, elle faisait la loi du maximum, et certainement ces mesures qui ont peut-être sauvé la Révolution française et la liberté (*Très bien! très bien! à l'extrême gauche*), qui ont peut-être été admirables à cette époque, ne sauraient être prises comme terme de comparaison pour une époque normale et régulière comme la nôtre. (*Très bien! très bien! sur les mêmes bancs.*)

D'ailleurs, veuillez le remarquer, la Convention ne se trouvait pas dans la situation où vous allez vous trouver vous-mêmes; elle avait les mains libres, elle n'avait aucun engagement derrière elle. — Il y avait les engagements de la Constituante que je vous ai lus; mais les emprunts de cette Assemblée n'avaient pas été couverts; — il n'y avait pas de rentiers de l'Etat en faveur desquels ces engagements eussent été stipulés, puisque les capitalistes n'étaient pas venus souscrire les titres d'emprunt que la Constituante leur offrait. Et ce n'étaient pas les rentiers de l'ancienne monarchie qui avaient prêté à une époque où le retranchement des quartiers était chose continuelle, ce n'étaient pas eux qui pouvaient réclamer contre un impôt régulier.

La Convention se trouvait donc dans la situation où vous seriez vous-mêmes si demain, en présence d'un emprunt nouveau et avant l'émission de cet emprunt, vous déclariez qu'il sera soumis à une retenue sous forme d'impôt. Vous auriez absolument le droit de le faire, ce serait une mesure de mauvaise administration, mais ce ne serait pas une mesure contraire au droit. Or, tel était le cas où se trouvait la Convention. Elle prit une mesure qui n'était pas contraire au droit et qui n'était pas même une mesure de mauvaise administration, étant données les circonstances particulières dans lesquelles elle se trouvait. Mais les désordres financiers de ce temps amenèrent quelques années plus tard, en vendémiaire an VI, le gouvernement du Directoire à faire une banqueroute des deux tiers et à consolider un tiers de la dette. C'est alors que, dans l'article 98 de la loi de vendémiaire an VI, au paragraphe 2, le gouvernement directorial inséra cette clause : « Le tiers de la dette publique conservé en inscriptions est déclaré exempt de toute retenue présente et future. »

On a disserté sur cet article et on s'est demandé s'il voulait bien dire que la rente serait indemne d'impôt ou s'il ne voulait pas dire exclusivement qu'elle ne serait plus susceptible de subir des retranchements de quartiers comme sous l'ancien régime. Mais il y a une réponse péremptoire à faire : C'est qu'à ce moment-là il y avait un impôt établi par la Convention, que cet impôt fut supprimé au lendemain du jour où la loi de vendémiaire an VI fut promulguée et que par conséquent par ces mots : « Le tiers de la dette publique conservé en inscriptions est déclaré exempt de toute retenue présente et future », le Directoire entendait évidemment garantir les rentiers contre l'impôt. (*Très bien! très bien! à gauche.*)

C'est ici, messieurs, que j'appelle toute votre attention, car j'arrive à la grande argumentation du Gouvernement actuel ou du moins des économistes qui le soutiennent.

On nous dit : La loi de vendémiaire an VI a bien pu établir l'immunité du tiers consolidé; mais ce n'était pas une disposition constitutionnelle, une loi de principe, et cette loi ne peut atteindre les rentes beaucoup plus considérables qui ont été créées depuis cette époque jusqu'à aujourd'hui. Voilà l'argument.

Mais, messieurs, est-il indispensable — je m'adresse aux légistes — pour l'interprétation d'un contrat que toutes les clauses en aient été nettement écrites?

A cela le code civil répond, dans son article 1135 : « Les conventions obligent non seulement à ce qui y est exprimé, mais encore à toutes les suites que l'équité, l'usage ou la loi donnent à l'obligation d'après sa nature. »

Et l'article 1156, plus explicite encore, déclare que « on doit, dans les conventions, rechercher quelle a été la commune intention des parties contractantes, plutôt que de s'adresser au sens littéral des termes ».

Eh bien, quelle a pu être la commune intention des parties contractantes?

Voilà deux parties qui contractent entre elles, elles établissent une stipulation nette, précise. Pendant un siècle, un nombre considérable d'opérations du même ordre succèdent à la première ; dans ces contrats nouveaux, la stipulation primitive n'est pas rétablie dans son texte, mais on fait mieux que de la mettre dans un texte, on la pratique toujours sans interruption ; et vous croyez que, si un pareil fait se passait entre deux particuliers et qu'après un demi-siècle ou trois quarts de siècle l'une des parties qui aurait ainsi toujours exécuté la convention première, voulût essayer de s'y soustraire, les tribunaux ne la contraindraient pas à la respecter?

Mais je vous fais la part bien trop belle en prétendant que rien n'a plus été écrit depuis la loi de vendémiaire an VI. D'abord il s'est passé un fait sur lequel j'appelle toute l'attention de M. le ministre des finances : On a créé de nouvelles rentes depuis la loi de vendémiaire an VI. Si le législateur qui les a créées avait entendu les rendre libres de l'immunité qui couvrait le tiers consolidé, il aurait dû faire le départ entre ces deux sortes de rentes, il aurait dû ne pas les confondre ; il aurait dû les classer en séries différentes, afin qu'au moment venu, on pût frapper les unes : celles qui auraient été créées ultérieurement et non les autres : celles qui, garanties par la loi de vendémiaire an VI, auraient joui de l'immunité.

Or, on les a toutes confondues, et aujourd'hui je vous demande comment vous pourrez faire pour aller rechercher, parmi les rentiers, ceux qui ont des titres provenant de la consolidation de l'an VI qui jouissent formellement de l'immunité prévue par la loi, et ceux qui possèdent des titres provenant d'emprunts d'Etat faits par la suite et qui ne jouiraient pas de cette immunité. Je vous demande la permission — ceci est très important — de vous lire à cet égard une déclaration qui a été faite en 1847, monsieur le ministre, par un de vos prédécesseurs, M. Lacave-Laplagne. C'est exactement l'argument que je viens de vous fournir. Répondant à un projet d'impôt sur les mutations de la rente, M. Lacave-Laplagne s'exprimait ainsi :

« Les nouveaux prêteurs, expliquait-il, ont eu soin de demander que les rentes nouvelles fussent de même nature que les anciennes, qu'elles fussent confondues avec elles afin qu'elles jouissent des mêmes privilèges. Le Gouvernement, en adhérant à ce système d'emprunt, a garanti par cela même aux nouvelles rentes qu'elles seraient exemptes des mêmes droits que les rentes réduites. »

Est-ce clair? est-ce net? est-ce précis? Mais ce n'est pas tout! M. Lacave-Laplagne n'est pas le seul homme d'Etat, le seul ministre des finances, le seul chef du pouvoir ou le seul chef de parti qui se soit élevé avec vigueur contre cette pensée de frapper la rente d'Etat et avec elle le crédit public. Voici comment s'exprimait M. Thiers, en 1872, à l'Assemblée nationale, à la veille du premier emprunt libérateur, dans la séance du 25 juin 1872 :

« Vous ne voulez pas, par exemple, imposer la rente, disait-il, et vous avez bien raison. Qu'est-ce que la rente? C'est le capital. Si l'Etat commettait la faute d'imposer la rente, il se punirait lui-même, car lorsqu'il aurait recours au crédit, on lui ferait payer le capital plus cher. »

M. Charles Ferry. Ce n'est pas une raison de droit !

M. Alfred Naquet. Et M. Casimir-Perier lui-même, dans son rapport sur le budget du 31 août 1871, s'exprimait de la sorte :

« L'idée d'imposer directement la rente française par une taxe spéciale n'est venue à personne. La minorité de la commission, tout en professant le même respect que la majorité pour les engagements contractés, a cru que, dans ce cas particulier, les revenus provenant de la rente ne devaient pas jouir de l'immunité. Si la rente ne peut être l'objet d'une taxation spéciale, ce n'est pas seulement parce que la promesse contraire a été faite par la loi du 9 vendémiaire an VI, dont l'article 98 déclare le tiers de la dette publique converti en inscriptions exempt de toute retenue présente ou future, c'est parce que cet engagement résulte de l'essence même du contrat entre le débiteur et le créancier.

« Ce sont les considérations plus hautes (que l'intérêt) qui ont inspiré les adversaires de la taxe sur la rente. Ils trouvent que le respect des engagements pris doit être porté jusqu'au scrupule. »

Ainsi s'exprimaient M. Thiers et M. Casimir-Perier devant l'Assemblée nationale souveraine qui allait, le lendemain, contracter un emprunt de 2 milliards, et un an après un emprunt de 3 milliards. Et pas une protestation ne s'élevait dans l'Assemblée !

M. Charles Ferry me dit que ce n'est pas une raison de droit, que ni M. Thiers ni M. Casimir-Perier ne faisaient appel au droit. M. Thiers, en effet, ne faisait pas appel au droit ; il faisait mieux, il le créait.

M. Thiers en parlant, lui, chef du pouvoir exécutif, devant une Assemblée souveraine qui enregistrait ses paroles et les acceptait, et M. Casimir-Perier, dans la déclara tion qu'il faisait comme rapporteur au nom de l'Assemblée nationale, donnaient nécessairement cette pensée aux créanciers de l'Etat que la rente serait définitivement exempte, qu'elle jouirait d'une immunité complète au point de vue des impôts.

D'ailleurs, M. Thiers, en 1833, s'était expliqué d'une manière encore plus explicite, et, répondant à M. Bastid d'Izun il avait dit :

« Il existe une loi; la loi est souvent gênante pour les faiseurs de systèmes. Une loi fait défense expresse d'imposer les rentes; mais quand cette loi n'existerait pas, croyez-vous que vous auriez obtenu un grand résultat en imposant les rentes? »

Ce n'est pas tout! L'Assemblée nationale a eu encore à s'occuper de cette question. M. Raudot, membre de la majorité de l'Assemblée nationale, avait proposé un droit de mutation et, suivant sa proposition, ce droit de mutation ne pouvant être perçu sur les titres au porteur que par voie d'abonnement, il admettait qu'on le percevrait par voie de retenue sur les coupons de la rente. Il se défendait d'ailleurs de faire un impôt sur la rente.

Il y avait là un homme dont tout le parti républicain se réclamait alors, et du souvenir duquel une grande fraction du parti républicain se réclame encore à cette heure : c'est Gambetta.

A ce moment-là, Gambetta n'appartenait pas à la majorité de l'Assemblée nationale. Gambetta monta néanmoins à la tribune, et voici comment il s'exprima, et je rappelle ses paroles à tous ceux qui se réclament de lui dans cette enceinte :

A l'extrême gauche. Et il y en a !

M. Alfred Naquet. « Il me semble, dit-il, que l'amendement de M. Raudot repose ou sur une illusion ou sur une équivoque, et je désirerais m'en expliquer sommairement.

« Je dis que c'est une illusion si, par l'introduction de cet amendement, M. Raudot, comme il vient encore d'en renouveler la déclaration à la tribune, s'imagine qu'il ne frappe pas la rente d'un impôt. » — M. Raudot s'en défendait, on le voit.

« En effet, la rente, par ce procédé, ne serait pas frappée, comme il l'entend, seulement d'un droit de mutation, mais serait atteinte dans son capital même dont l'Etat retiendrait une partie intégrante, au mépris d'un contrat solennel... » — retenez bien ces mots — « ...et qu'il n'appartient à aucune juridiction de rompre. »

« Le crédit de la France est placé dans l'estime du monde à une trop grande hauteur, jouit d'une solidité trop précieuse,

pour que nous puissions, même incidemment, y laisser porter l'ombre d'une atteinte. » (*Très bien! très bien! à l'extrême gauche.*)

Voilà comment s'exprimait Gambetta (*Très bien! très bien! à gauche*) et l'Assemblée nationale, par 502 voix contre 83, donna raison à Gambetta qui avait tenu le langage de la vérité, du droit et de la justice.

Mais l'Assemblée nationale disparaît ; les Chambres républicaines arrivent, et alors on émet de nouveaux emprunts d'Etat. On fait d'abord le 3 p. 100 amortissable en 1878 ; puis en 1883 on fait une première conversion et on crée le 4 1/2 p. 100. Enfin il y a un an et demi environ, vous avez créé le fonds 3 1/2 p. 100 par une seconde conversion.

Lors de la première conversion, je me le rappelle, car j'avais l'honneur d'être le rapporteur du projet, nous avons introduit dans l'article 3 un paragraphe 2 ainsi conçu :

« Tous les privilèges et immunités attachés aux rentes sur l'Etat sont assurés aux rentes du nouveau fonds 4 1/2 p. 100. »

Et le même alinéa a été reproduit dans la loi de conversion de 1894, avec cette différence que l'expression 4 1/2 p. 100 est remplacé par celle-ci : 3 1/2 p. 100.

Il serait peut-être excessif de prétendre qu'en disant « l'immunité » on a voulu que cela ne s'appliquât pas à l'exemption d'impôt.

Avant était venue la loi qui a créé le 3 p. 100 amortissable. On vous a cité l'autre jour les paroles de M. Léon Say, qui affirmait l'immunité d'impôt pour le nouveau fonds. M. Varroy, rapporteur de la commission du Sénat, l'affirmait dans les mêmes termes. Voici ses paroles :

« Notre futur 3 p. 100 amortissable en sera naturellement exempt (de l'impôt) comme tous les titres de rentes sur l'Etat créés en France. »

Et maintenant, si j'ajoute à cela que j'ai la liste de toutes les propositions d'impôt sur la rente présentées au Parlement français depuis quatre-vingts ans, et de tous les ministres des finances, de Mollien à M. Burdeau, — et je vous assure qu'il y en a une jolie série! — qui ont repoussé tous avec la même énergie l'impôt sur la rente, je crois qu'on peut admettre qu'il y a eu tout au moins un contrat de bonne foi, que l'idée des parties a été que la rente serait indemne d'impôt et que dès lors l'article 1156 du code civil s'applique, que le contrat est valable et que vous n'avez pas le droit de porter la main sur lui.

Je sais bien que lorsqu'ils tiennent à démontrer une idée qui leur est chère, les esprits les plus élevés se laissent entraîner sur la pente du sophisme.

C'est ce qui est arrivé notamment à l'honorable M. Fernand Faure, dont un article, qui a paru dans la *Revue parlementaire* du 5 juillet 1895, contient le passage suivant :

« Nous pourrions ajouter que les circonstances dans lesquelles a pu naître la croyance à la perpétuité du privilège de la rente sont bien loin d'être ce que l'on prétend. Pourquoi s'imaginer, en effet, que les incessants débats soulevés depuis soixante-dix ans par l'impôt sur la rente ont dû exclusivement faire germer et entretenir dans l'esprit des rentiers la pensée qu'ils doivent être à jamais à l'abri de l'impôt? Le contraire me semble bien plus vraisemblable. Ces débats sont plutôt de nature à avoir éveillé l'attention des rentiers et à les avertir que leur exemption discutée et discutable pourrait bien prendre fin. »

Ainsi, messieurs, voilà une question litigieuse; voilà deux parties devant les tribunaux; l'une d'elles gagne son procès; généralement, le public en conclut qu'elle avait pour elle le bien-fondé de la cause; cependant, d'autres parties élevant contre elle la même prétention, le même procès se juge encore une fois, puis deux fois, dix fois, vingt fois, quarante fois, et chaque fois les tribunaux décident dans le même sens. Le public, naïf, se dit : C'est donc que des droits si souvent affirmés par les tribunaux sont incontestables. Eh bien, non! Et comme l'aurait dit le bon Sganarelle, en mettant le cœur à droite : Nous avons changé tout cela. Quand nous aurons gagné quarante fois notre procès, il sera péremptoirement établi que c'est notre adversaire qui avait raison. (*Très bien! très bien! et rires sur divers bancs.*)

Messieurs, je crois avoir fait la preuve complète, absolue, ne laissant rien à objecter, que la rente est garantie par les contrats, par les engagements de l'Etat et, dès lors, je crois pouvoir dire à cette tribune qu'il n'y a dans cette enceinte qu'un seul parti qui puisse voter l'impôt sur la rente, en demeurant logique avec ses propres principes. Ce parti, c'est celui que représentent M. Millerand, M. Guesde, M. Jaurès; c'est le parti collectiviste révolutionnaire, le parti qui ne tient aucun compte des contrats particuliers quand il les croit contraires à l'équité et à la justice ; c'est le parti qui demande le rachat ou plutôt la confiscation des chemins de fer sans indem-

nité.

M. Gustave Rouanet. Dites « la reprise ».

M. Alfred Naquet. Parfaitement!

C'est le parti qui demande la reprise des mines et qui votera tout à l'heure avec vous l'impôt sur la rente, comme il voterait avec vous, avec encore plus de plaisir, la suppression complète de toutes les rentes d'Etat. (*Très bien! très bien! sur divers bancs.*)

M. Lemire. Je demande la parole.

M. Alfred Naquet. A cet égard, voici comment M. Jaurès s'exprimait récemment dans un article du *Matin* :

« Aussi bien, en la frappant directement, malgré l'engagement de l'Etat, M. Cochery proclame que la nation souveraine a le droit de réviser les contrats de propriété, quand ils ne sont plus conformes à l'idée de justice et à l'intérêt public. »

M. Gustave Rouanet. Très bien!

M. Alfred Naquet. Et dans le même article, M. Jaurès disait encore :

« C'est une singulière bonne fortune pour nous que ce premier exemple d'expropriation soit donné à la France par un ministre des finances modéré... La discussion de l'impôt sur la rente sera, pour le parti socialiste, une occasion admirable de retracer toutes les spéculations qui depuis un siècle ont enflé la dette de la France et enrichi les grands banquiers. Elle lui permettra aussi d'affirmer sa doctrine sur la propriété capitaliste et d'ébranler celle-ci, avec le concours précieux d'un gouvernement conservateur. Il faut bien que le mouvement socialiste soit dans la nécessité des choses et dans le sens de l'histoire pour que ses ennemis mêmes le précipitent et le justifient. »

Et enfin, dans un autre article, M. Jaurès ajoutait :

« Le projet, par l'impôt sur la rente, pose des principes auxquels nous tenons, et il crée, par les bévues et les sottises dont il abonde... »—je ne prends pas à ma charge cette dernière phrase (*Rires sur plusieurs bancs*) — ... « un tel chaos fiscal qu'il nous plaira de voir le gouvernement modéré et sa majorité aux prises avec leur œuvre. Il faut que la petite et moyenne bourgeoisie, qui tolère ces hommes, apprenne, à ses dépens, la mesure de leur incapacité.

« Que pouvons-nous rêver de mieux? Voilà un gouvernement qui, menacé par la force socialiste croissante, ébranle tout le système fiscal sans apporter aucune réforme à la démocratie et blesse la classe moyenne, son dernier refuge. Les gouvernants ne sont plus capables que de pensées troubles et d'actes inconscients. Que le prolétariat se tienne prêt ! »

Voilà les paroles de M. Jaurès. Quant à M. Rouanet, il a prononcé à peu près les mêmes paroles ; je ne les ai pas sous les yeux mais je crois qu'il a dit — ou quelque chose d'approchant :

« Je voterai l'impôt sur la rente parce que c'est une première atteinte portée à la propriété, à la pérennité des contrats dans ce pays-ci. »

Voilà la première partie de ma démonstration achevée. Vous n'avez pas le droit d'imposer la rente, et si vous le faites, j'ai le droit de dire, toujours avec l'espoir que vous ne le ferez pas, — pour ne pas mériter les foudres de notre honorable président, — que ce sera un acte d'improbité publique. (*Très bien ! très bien ! sur divers bancs.*)

Maintenant sera-ce au moins un acte de bonne administration, un acte utile aux intérêts de l'Etat ? Ce sera un acte d'aussi mauvaise administration que contraire aux engagements contractés. (*Très bien ! très bien ! sur les mêmes bancs.*)

En effet, on dit journellement —j'entends tous les jours cette argumentation à laquelle d'ailleurs on a déjà assez nettement répondu pour que je n'y insiste pas longtemps — que les rentiers ne payent pas d'impôt. M. Raiberti, M. Gauthier (de Clagny) et avant eux M. Delombre, président de la commission du budget, qui a écrit la même chose dans le *Temps*, qui l'a dit à la commission de l'impôt sur les revenus, ont répondu : « Ce n'est pas exact ; ils payent l'impôt ; ils l'ont racheté en capital. » (*Très bien ! très bien ! sur divers bancs.*)

Quand M. Thiers, en 1872, prononçait les paroles que j'ai lues tout à l'heure, au moment où il allait émettre son premier emprunt de 2 milliards à 82 fr., à ce moment, le crédit était bas : 5 milliards devaient émigrer en Allemagne, la situation était troublée, on ne savait pas si la France se relèverait de ses désastres et les capitalistes ne prêtaient leur argent qu'à bon escient. A ce moment, on a trouvé de l'argent à 82 fr.

Si l'on avait déclaré que la rente 5 p. 100 serait grevée de 20 ou de 25 centimes d'impôt, au lieu d'emprunter à 82 fr., on aurait emprunté à 77,50.

M. Maurice Rouvier. Et même plus bas.

M. Alfred Naquet. Oui, peut-être même plus bas, je le crois. A tout le moins, mathématiquement, on aurait emprunté à ce prix-là, car vraiment il faut ne pas savoir ce que c'est que la rente ou croire que les personnes auxquelles on s'adresse ne le savent pas, pour pouvoir prétendre le

contraire.

A toutes les époques, à chaque jour, à chaque heure, il y a un étiage du taux de l'intérêt. Cet étiage est réglé, comme tout ici-bas, par la loi de l'offre et de la demande. Aujourd'hui il sera à 6 p. 100 si le crédit de l'Etat a baissé, demain il sera à 3 ou même à 2 1/2 p. 100 si le crédit de l'Etat est prospère ; aujourd'hui il sera à 6 p. 100 si les capitaux sont rares et si la demande en est abondante ; demain il sera à 3 p. 100 si les capitaux sont abondants et si la demande ne l'est pas. Mais à toute heure le résultat de la loi de l'offre et de la demande fait qu'il y a un taux normal de l'intérêt.

Supposons-le, à l'heure actuelle, à 3 p. 100. Quand un homme souscrit un titre de rente, qu'achète-t-il dans sa souscription ? Il achète le droit de passer au guichet de l'Etat et de toucher tous les ans 3 fr. de rente. Mais vous n'admettez pas, je suppose, que ce qu'il achète, c'est un morceau de papier sur lequel sont inscrits les mots : « Trois francs », car si c'était cela seulement, un morceau de papier et le chiffre qui est inscrit dessus, il y aurait une chose bien plus simple que de faire l'impôt, ce serait d'écrire : « Trois francs » et de tout retenir. La rente aurait la même valeur qu'aujourd'hui, dans l'hypothèse.

Donc, en poussant les choses à l'extrême, j'ai démontré que ce que le créancier, ce que le souscripteur considère, c'est non pas le chiffre nominal inscrit sur son coupon, mais la somme réelle qu'il touchera en se présentant au guichet du Trésor à la fin de l'année.

Eh bien ! si cette somme est de 3 fr. et au cours du jour l'intérêt à 3 p. 100, le souscripteur versera 100 fr. pour avoir un de ces titres de rente. Si, au contraire, vous lui déclarez que vous lui retiendrez 13 centimes et demi et qu'à la fin de l'année, au lieu d'avoir perçu 3 fr. il n'aura reçu que 2 fr. 86, il fera une simple règle de trois, cette règle élémentaire que nous avons tous apprise à l'école ; il dira : 3 fr. est à 100 comme 2 fr. 86 est à x. Et en multipliant les moyens et en divisant par les extrêmes, il trouvera qu'il devra payer 95 fr. 50 ce qu'il aurait dû payer 100 fr. si vous n'aviez pas mis d'impôt. (*Très bien ! très bien ! sur divers bancs à gauche.*)

Voilà exactement ce qui se passera. Pour qu'il en fût autrement, il faudrait supposer que le capitaliste ne sait pas ce qu'il fait quand il place son argent. Et quand on vient nous dire que l'impôt sur la rente ne peut pas avoir d'incidence sur le cours de la rente, c'est à peu près comme lorsqu'on nous répétait il y a deux ou trois ans qu'on pouvait indéfiniment élever le prix du blé et de la farine sans qu'il se produisît aucune espèce de répercussion sur le prix du pain. C'est un argument du même ordre. (*Très bien! très bien! sur divers bancs.*)

Voilà donc un premier point établi : le créancier, le souscripteur de la rente a racheté son impôt en souscrivant sa rente au guichet absolument comme, lorsqu'un homme entre dans un cercle quelconque où il y a une annuité à payer, il lui est permis quelquefois de la racheter par une somme totale, par un capital versé une fois pour toutes.

Je ne vous cache pas que j'ai été très surpris hier en entendant notre honorable collègue M. Charles-Roux, qui généralement est plus précis dans ses affirmations, s'écrier : « Mais si j'ai acheté la rente 85 fr. ? »

Eh bien! monsieur Charles-Roux, si vous avez acheté la rente 85 fr., c'est qu'à ce moment le taux de l'intérêt était de 3.50 p. 100 au lieu de 3 p. 100. S'il y avait eu un impôt sur la rente, au lieu de l'acheter 85 fr. vous l'auriez payée 80 fr. 50. Voilà la différence ; c'est clair et net, et je défie M. Cochery lui-même de rien y objecter.

Mais ce n'est pas seulement en rachetant l'impôt que les rentiers ont subi des retenues. Ils ont subi des retenues et des attaques qu'aucun propriétaire dans ce pays, ni propriétaire foncier ni propriétaire de valeurs mobilières, n'a subi au même degré.

Que sont donc devenues les rentes 5 p. 100 souscrites au moment de la libération du territoire? Elles sont devenues d'abord du 4 et demi p. 100 en 1883, puis du 3 et demi p. 100 en 1894. Elles ont subi, par les conversions successives, des retenues s'élevant à 30 p. 100. M. Méline prétendait l'autre jour que la propriété est grevée de 25 p. 100. Nous verrons comment tout à l'heure ; mais en attendant je retiens que la rente a été grevée de 30 p. 100; la retenue qu'elle a subie est supérieure aux charges qui grèvent la propriété foncière, même au dire de M. le président du conseil.

Vous me direz peut-être que la rente 3 p. 100 n'a pas été convertie. C'est vrai; mais à ce titre vous devriez faire au moins une discrimination entre la rente 3 1/2 p. 100 qui a été convertie deux fois et la rente 3 p. 100 qui ne l'a pas été.

Mais vous n'en faites pas. Au surplus, vous avez raison de n'en faire aucune ; il ne faut imposer ni l'une ni l'autre, et votre argument n'aurait pas porté longtemps.

car il y a deux mois la rente 3 p. 100 avait dépassé le cours de 103 fr. Elle évoluait vers 104 fr., et si vos projets désastreux n'étaient pas venus arrêter cette envolée des fonds français qui aurait suivi l'envolée des fonds étrangers, à cette heure la rente vaudrait 105 fr., et lorsqu'elle aurait atteint 105 ou 106 fr., ce qui eût été proche, croyez-le, vous auriez pu faire la conversion du 3 p. 100 sinon en 2 1/2 p. 100, du moins en 2.75 p. 100. Cette conversion vous aurait donné 25 centimes par coupon de 3 francs, au lieu de 13 centimes 1/2 que vous allez percevoir. De telle manière que vous escomptez cette conversion aujourd'hui ; mais en l'escomptant, vous mangez votre blé en herbe. (*Très bien! très bien! à gauche.*) Vous vendez pour 13 centimes et demi ce qui aurait pu vous en rapporter 25. Voilà la valeur de votre opération financière.

On me demandera peut-être pourquoi les conversions ne produisent pas le même effet désastreux que l'impôt, au point de vue du crédit public.

Il y a à cela une raison de premier ordre, c'est que, d'abord, elles sont connues d'avance ; que le jour où on émet des titres de rente on affirme le droit à la conversion et que le rentier fait entrer cette éventualité dans ses calculs. Mais il y en a une autre, c'est qu'on ne peut convertir qu'au-dessus du pair, puisqu'on est tenu de rembourser au pair, et que, par conséquent, puisqu'on fait toujours des emprunts au-dessous du pair, le rentier est certain que, s'il est converti, du moins il recevra toujours la totalité de son capital, et même plus que le capital qu'il a versé au moment de la souscription.

Avec l'impôt, au contraire, vous mettez aujourd'hui un impôt de 1 1/2 p. 100, vous pouvez demain en mettre un de 7, 8, 10, 12 p. 100. Demandez-le à M. Jaurès : s'il était au pouvoir, ce serait peut-être d'un impôt de 15 ou de 20 p. 100 qu'il frapperait la rente.

M. Charles Ferry. Il prendrait tout !

M. Alfred Naquet. On peut établir un impôt même quand la rente n'est point susceptible, vu son cours, d'être convertie. C'est même l'une des raisons pour lesquelles on le fait en ce moment. L'autre jour M. Siegfried a dit à la commission du budget, — si tant est que les journaux aient bien reproduit ses paroles : — « La conversion ne sera possible que quand la rente sera à 110, et c'est pour cela que nous établissons l'impôt. » Autrement dit : Quand la conversion est possible, nous la faisons; quand elle n'est pas possible, nous la faisont tout de même. Seulement, pareils à cet archevêque qui, désireux de manger de la poularde le vendredi saint la baptisait carpe, nous la baptisons impôt.

Ainsi, messieurs, il me paraît établi que si vous avez jamais à rouvrir le grand-livre, si vous créez des rentes nouvelles, l'impôt sur la rente vous fera emprunter plus cher; de plus, il éloignera l'heure des conversions qui vous auraient donné des résultats plus avantageux pour le Trésor que l'impôt sur la rente ne vous en fournira.

Vous pourriez me dire, je le sais : Nous escomptons cet impôt, il va faire rétrograder la rente de quatre points et demi. Nous pourrons attendre le temps voulu pour la relever de quatre points et demi, puisque nous aurons perçu par avance le produit de cette conversion limitée.

Vous oubliez qu'il y a un autre élément dont vous ne tenez pas compte, et que M. Rouvier a indiqué dans une interruption : c'est l'élément moral. Jusqu'ici, dans mon raisonnement, je n'ai tenu compte que de l'élément mathématique. Il est évident que si aujourd'hui, en même temps que vous mettez un impôt sur la rente, vous inscriviez dans la Constitution un article disant que cet impôt est le premier et qu'il sera le dernier, qu'il n'y aura plus désormais aucun autre impôt sur la rente, alors vous auriez une baisse parfaitement, mathématiquement exacte de 4 points et demi. Mais comme vous ne mettez rien de pareil dans la Constitution et que vous ne pouvez rien y mettre de pareil, le créancier se dira que si l'on établit aujourd'hui un impôt de 4 1/2 p. 100, on en établira demain un de 8 p. 100; après-demain, un de 10 p. 100. Le raisonnement paraîtra d'autant plus juste que l'impôt sur les valeurs mobilières, après avoir été à l'origine de 3 p. 100, est aujourd'hui de 4 et que vous proposez de le porter à 4 1/2. On peut suivre la même progression pour la rente.

Alors ces mêmes épargneurs, qui, hier, étaient heureux de prendre de la rente de l'Etat, malgré son faible intérêt, parce qu'ils voyaient, dans la garantie supérieure qu'ils y trouvaient pour leur capital, un avantage que ne leur donnaient pas les autres valeurs, ces mêmes épargneurs se diront que, puisque les rentes ne jouissent pas de plus d'immunités que les autres valeurs, ils aiment mieux souscrire ces autres valeurs qui rapportent davantage.

Et alors un déclassement s'opèrera et la rente, au lieu de rétrograder de 4 points, rétrogradera peut-être de 5, de 6, de 7, de 8; j'ignore jusqu'où la baisse pourra aller.

Et alors, messieurs, ce ne sera plus 4 points et demi que vous aurez à regagner pour faire la conversion, ce sera 5, 7, 8 et 10 points; vous retarderez la conversion indéfiniment. Et il deviendra vrai de dire que vous aurez vendu l'avenir, un avenir producteur, au prix de quelques sommes dérisoires que vous allez encaisser aujourd'hui. (*Applaudissements à l'extrême gauche et sur divers bancs à gauche.*)

Je prie la Chambre de vouloir bien m'accorder quelques instants de repos.

M. le président. L'orateur demande une suspension de séance. Il n'y a pas d'opposition ?...

La séance est suspendue pour quelques minutes.

(La séance, suspendue à quatre heures trente-cinq minutes, est reprise à cinq heures moins dix minutes.)

M. le président. La séance est reprise.

La parole est à M. Naquet pour continuer son discours.

M. Alfred Naquet. Messieurs, je me suis efforcé jusqu'ici de démontrer, d'une part, que l'Etat n'avait pas le droit d'imposer sa rente et que, d'autre part, s'il l'imposait nonobstant, il ferait un acte de mauvaise administration en rendant difficiles les conversions futures et en empruntant à un taux plus élevé, si tant est qu'il fût obligé de rouvrir le grand-livre.

Je voudrais maintenant examiner rapidement un point qui a été déjà développé ici, la distribution de la rente; je ne m'y arrêterai qu'en passant. Il est certain qu'à l'heure actuelle les gros capitalistes ne placent pas leurs fonds en rentes d'Etat. La rente d'Etat est une valeur de tout premier ordre pour les petits capitalistes, pour les épargneurs qui ne sont pas susceptibles de suivre les grandes affaires, de se rendre compte, d'être prévenus à temps quand elles périclitent, de passer de l'une à l'autre. Pour ceux-là, c'est une valeur de tout repos : ils la prennent.

Mais le gros capitaliste, le grand brasseur d'affaires n'en a pas besoin; il suit les affaires de près. Quand une affaire va mal, il est le premier renseigné sur ce point, et il passe à une autre avant d'avoir eu le temps de subir des pertes sérieuses; dans tous les cas, en multipliant les placements sur des valeurs de second ordre, il se paye à lui-même une prime d'assurances qui lui donne un résultat supérieur à celui des placements en rentes.

Il en résulte que le gros capitaliste n'a pas ou presque pas de rentes; je n'ai pas besoin, pour le prouver, de rechercher, comme l'ont fait mes honorables prédécesseurs à cette tribune, le nombre des inscriptions de rentes — c'est le bon sens qui le dit, c'est la pratique de tous les jours qui l'enseigne. Le gros capitaliste n'a pas de rentes; la rente est confinée dans la classe moyenne, et plutôt au-dessous de la classe moyenne qu'au-dessus, de façon qu'en frappant la rente aujourd'hui vous ne frapperez pas les gros capitalistes, mais bien les tout petits.

Et j'appelle ici votre attention sur un point qui est de nature à vous toucher. Depuis un an ou un an et demi, où on a commencé à traiter cette question dans la presse, et même à une époque où j'étais loin de croire qu'elle pouvait venir au Parlement, j'ai eu l'occasion d'en parler avec des hommes de finance, et j'ai été étonné de voir que presque tous les banquiers et les financiers étaient partisans de l'impôt sur la rente; et cela pourrait indiquer pourquoi la rente n'a pas plus baissé qu'elle n'a baissé jusqu'ici, car tout à l'heure, soyez en sûrs, M. Krantz, M. Cochery, viendront vous dire : « La rente, de combien a-t-elle baissé? d'un point, d'un point et demi ». Mais elle aurait certainement monté sans votre projet.

Il y a d'autres raisons. En matière d'économie politique, comme en toute science, il faut toujours faire précéder toute affirmation de cette réserve, « toutes choses égales d'ailleurs ». Il est clair que si vous mettez un impôt sur un objet quelconque, et que cela coïncide avec un grand mouvement de capitaux qui fasse baisser le taux de l'intérêt, là où vous auriez dû observer une baisse vous aurez une hausse, mais cette hausse aurait été plus grande si vous n'aviez pas mis un impôt.

Lorsque les Etats italien, grec ou portugais, dont les titres étaient cotés dans la catégorie des valeurs de troisième ou de quatrième ordre, et dès lors capitalisés à un taux très élevé, arrivent, par une retenue sur leur rente, à équilibrer leur budget, immédiatement ces valeurs passent de la catégorie des valeurs qui n'étaient pas sûres, des valeurs aléatoires, dans la catégorie des valeurs qui sont relativement sûres; elles se capitalisent sur un autre taux, et vous avez encore là une hausse au lieu d'une baisse. Mais toujours « toutes choses égales d'ailleurs ». Si la nation avait équilibré son budget sans frapper sa rente, la hausse aurait été plus considérable.

Je disais donc que les capitalistes ne gardent pas de rentes sur l'Etat, qu'ils n'en ont pas, qu'au contraire les financiers sont ab-

solument heureux de votre impôt, parce qu'ils y trouvent un avantage de deux ordres. A l'heure actuelle, il y a entre eux et l'Etat un véritable duel, que je trouve très légitime pour ma part, parce que je ne suis pas de ceux qui attaquent la spéculation et la haute banque. Je crois que, dans la société actuelle, elles ont un rôle nécessaire, et c'est par là que je me sépare de beaucoup de mes amis.

M. Gustave Rouanet. Mais, nous le reconnaissons aussi, et nous leur sommes reconnaissants. Ce sont les gérants de la fortune sociale.

M. Alfred Naquet. Il y a entre cette haute banque, que je n'attaque pas, et l'Etat, un duel. Chacun cherche à tirer à soi l'épargne nationale, et je crois qu'il est utile que l'Etat gagne la partie; car, comme on le disait très justement ici l'autre jour, la rente est le régulateur de l'intérêt dans ce pays. Or, la question sociale, dont on parle sans cesse, ne porte que sur un seul point, en réalité : sur l'intérêt des capitaux, car ce que les collectivistes attaquent, c'est la productivité, c'est l'intérêt du capital. C'est le bénéfice du capitaliste qu'ils attaquent, et pas autre chose. Eh bien, je ne crois pas qu'on puisse arriver jamais, par un système social, collectiviste ou autre, à détruire l'intérêt du capital. Je crois qu'il y a là un de ces phénomènes qu'on appelle en mathématiques un phénomène limite, un de ces phénomènes dont les asymptotes nous donnent un exemple dans les deux lignes qui se rapprochent à l'infini sans jamais se rencontrer.

Mais je crois que si l'intérêt ne peut pas atteindre zéro, il va toujours en baissant. Par conséquent la question sociale est tous les jours en voie de se résoudre par cette baisse naturelle du taux de l'intérêt. Or, comme la rente sur l'Etat est le grand régulateur de ce taux, je trouve qu'il y a un intérêt capital à ce que, dans ce duel très légitime entre les hauts banquiers et l'Etat, ce soit l'Etat qui l'emporte. Eh bien, en ce moment-ci, que faites-vous? Vous donnez une prime aux hauts banquiers contre l'Etat; voilà ce que vous faites, et c'est pour cela que je vous dis que c'est un acte de mauvaise administration. Et comme le dit un journal financier que j'ai entre les mains, la *Cote de la Bourse et de la Banque*, sous la plume d'un homme fort distingué, M. Emmanuel Vidal, — je ne vous lirai pas l'article pour ne pas prolonger la discussion, — il y a, aux deux extrémités du monde financier, la haute banque d'un côté et les financiers véreux de l'autre.

M. Gustave Rouanet. C'est bien théoriqué!

M. Alfred Naquet. Eh bien, à ces deux extrémités on est également enclin à l'impôt sur la rente : les uns, les hauts financiers, qui ont des valeurs réelles, sérieuses, parce qu'ils veulent avoir un avantage sur l'État pour placer leurs émissions ; les autres, les financiers véreux, les financiers de bas étage, parce que, pour me servir de l'expression du journal dont je parle, ils pourront dire à leurs clients : Vous voulez placer votre argent sur l'État, voyez comme vous vous trompiez ; venez à moi ; l'État diminue vos intérêts, prenez mes bitumes du Maroc et mes chemins de fer de Perlimpinpin. (*On rit.*)

Je passe et j'arrive à une question qui me paraît capitale ; mais ici je suis obligé de demander à la Chambre toute sa bienveillance, car au premier abord les choses que je vais lui dire lui paraîtront peut-être paradoxales. Paradoxales, c'est possible ; mais il y a aussi dans les sciences des affirmations qui paraissent paradoxales et qui ne le sont pas. En physique, je me rappelle encore qu'on nous enseignait la loi connue sous le nom de « paradoxe hydrostatique » parce qu'elle avait l'apparence paradoxale. Nous appellerons celle dont je vais parler le paradoxe économique, si vous voulez ; mais ce n'est pas plus un paradoxe en fait que ne l'est le paradoxe hydrostatique.

Je dois répondre à un argument qui a été présenté par M. le ministre des finances et par M. le rapporteur. Ils nous ont dit, se référant à l'exemple de l'Angleterre : Nous n'établissons pas un impôt spécial sur la rente, par conséquent nous n'avons pas à répondre aux objections que vous pourriez élever contre un impôt de cette nature ; nous faisons un impôt par cédules sur les revenus ; nous imposons tous les revenus, et dès lors la rente est imposée au même titre que tous les autres revenus.

Ils n'ont pas développé cet argument, ils se sont bornés à l'énoncer ; je le développerai pour eux. Au lieu de faire l'impôt global sur le revenu que proposait M. Doumer, et qui avait l'inconvénient de nous livrer à toutes sortes de vexations, de déclarations et d'inquisitions, disent-ils, au lieu de cela, nous, nous faisons l'impôt par tranches, par cédules.

Mais comme, en réalité, rien n'échappera à cet impôt par tranches, par cédules, que tous les revenus sans exception seront frappés, cet impôt sur les revenus aura le même effet que l'impôt sur le revenu. Avec l'impôt sur le revenu, il est clair que toutes les fois que vous retirerez par l'impôt une certaine somme de l'épargne nationale,

par cela seul que vous aurez un capital moindre sur le marché, il y aura une répercussion générale sur les cours de toutes les valeurs et que cette répercussion s'étendra sur tout l'étiage et sera générale.

Eh bien ! nous disent M. le ministre et M. le rapporteur, — c'est du moins leur pensée, — dès l'instant où nous établissons un impôt général sur tous les revenus, comme on ne pourra pas arbitrer ces valeurs les unes contre les autres, il est incontestable que cela revient au même que si nous frappions le revenu global, et nous n'avons pas à répondre aux objections contre un impôt spécialisé sur la rente. Je crois, monsieur le ministre et monsieur le rapporteur, que j'ai rendu votre pensée par ces quelques mots. Vous ne protestez pas, c'est donc que je l'ai rendue exactement.

M. le ministre des finances. Non. Mais ne provoquez pas les interruptions.

M. Alfred Naquet. L'Angleterre a établi, non pas un impôt sur ses rentes, sur ses Consolidés, comme on le dit sans cesse ; elle a établi l'*income-tax*, un impôt analogue à l'impôt global, avec cette différence qu'au lieu de nous le présenter en bloc, comme M. Doumer nous l'a présenté, ou comme on l'a présenté en Allemagne, elle l'a présenté par tranches ; mais elle a établi toutes ces tranches en même temps. Elle n'a rien laissé échapper à cet impôt sur les revenus, de façon qu'il est impossible d'arbitrer une valeur contre une autre qui est également taxée et que dès lors les incidences dont je parlais tout à l'heure et dont je vais parler de nouveau ne se produisent pas.

La situation n'est pas la même en France ; et, bien que ce soit votre intention, il n'est pas exact que vous fassiez un impôt général sur les revenus. Ce que vous faites, c'est bel et bien un impôt de spécialisation sur la rente sur l'État. (*Très bien ! très bien ! à gauche.*)

C'est ici que je vais friser le paradoxe, mais sans rien dire cependant de paradoxal. Les impôts que vous appelez réels et que moi j'appelle les seuls qui n'existent pas, quand ils sont spécialisés, disparaissent rapidement. Ils s'incorporent dans la valeur de l'objet ; ils s'amortissent par le fait de cette incorporation, et alors que vous croyez payer des impôts, vous n'en payez plus.

Il est faux que vous payiez à cette heure le principal de la contribution foncière. Je vais soulever des imprécations en disant cela. Il est faux que vous payiez un impôt de 11 ou 12 p. 100 sur les valeurs mobilières : vous ne les payez pas.

Ce qui est réel, c'est que depuis cent ans que l'impôt foncier a été établi, cet impôt s'est incorporé à la valeur de la terre et, à l'heure actuelle, ce que je disais des coupons de la rente s'applique à la terre.

J'achète une terre qui est affermée 200 fr., mais qui paye 20 fr. d'impôt : son revenu net est de 180 fr. Je fais le calcul du fermage réel qu'elle me rapporte : si je veux placer mes fonds à 3 p. 100, comme elle me rapporte 180 fr., je la paye 6,000 fr. S'il n'y avait pas d'impôts, elle me rapporterait 200 fr. et alors je la payerais plus cher; au lieu de la payer 6,000 fr., je la payerai 6,666 fr. Voilà la réalité. Or, comme depuis cent ans la terre a passé d'une main dans l'autre, qu'elle n'est plus dans les mains des premiers possesseurs, qui sont morts depuis longtemps, j'ai le droit de dire qu'à l'heure actuelle il n'y a pas d'impôt foncier, mais une copropriété de l'État, et que la possession de la terre est une propriété indivise. (*Très bien! très bien! sur divers bancs.*)

Ce que je dis de la propriété, de la rente foncière, je le dis avec plus de raison encore de l'impôt sur les valeurs mobilières, car pour la rente foncière il y a la question de centimes additionnels qui reste en dehors de mon argumentation. Je n'applique celle-ci qu'au principal; nous pourrons faire une réforme spéciale pour la terre en vue de cette perturbation, mais cette perturbation ne modifie pas plus la loi que les perturbations dans le mouvement des planètes n'infirment la loi de la gravitation : la loi de l'incorporation est absolue.

On vous a déjà cité un exemple frappant de cette incorporation. La compagnie du Nord a des obligations affectées au service du réseau belge et d'autres affectées au service du réseau français. Les obligations du Nord belge ne sont pas garanties, tandis que les obligations du réseau Nord affectées au service du réseau français sont pourvues de la garantie d'intérêt. Ces dernières obligations devraient donc avoir une valeur supérieure; or, elles valent moins. Elles valent 485 fr., alors que les autres valent 500 fr.; d'où vient cette différence? C'est que les unes sont imposées et que les autres ne le sont pas. N'est-ce pas la preuve matérielle qu'il y a eu incorporat. de l'impôt dans la valeur elle-même et qu'à l'heure actuelle le propriétaire qui achète une obligation du chemin de fer du Nord et qui place son argent à 3 p. 100 en achetant une de ces obligations ne paye pas plus d'impôt que n'en payait celui qui, à l'époque où elles n'étaient pas imposées, les avait

payées plus cher? A la vérité, quand vous établissez un impôt réel sur un objet, ce n'est pas seulement un impôt que vous établissez, c'est une spoliation que vous faites subir aux détenteurs actuels. (*Très bien! très bien! sur divers bancs.*)

M. le comte de Lanjuinais. C'est absolument vrai!

M. Alfred Naquet. Voilà pourquoi je n'aime pas qu'on touche aux impôts réels ni pour les supprimer ni pour les augmenter. Je n'aime pas qu'on y touche pour les supprimer, parce que c'est un don gratuit qu'on fait au propriétaire auquel on retranche l'impôt et que, comme on ne peut pas faire un don à l'un sans prendre de l'argent aux autres, c'est une spoliation indirecte. Je ne suis pas davantage partisan de l'augmentation des impôts réels, parce qu'il s'agit alors d'une amputation à faire sur le capital actuel, comme le fait s'est produit récemment pour l'impôt du timbre sur les valeurs étrangères : vous avez amputé le capital, l'impôt a disparu depuis; on ne le paye plus.

Messieurs, je le répète, comme ceci peut paraître au premier abord quelque peu paradoxal, j'ai voulu me couvrir de quelque autorité, et je vais vous en citer une qui, certainement, aura de la valeur aux yeux des économistes de cette Chambre et auprès du parti modéré : c'est une citation de l'honorable M. Léon Say, que je regrette doublement de ne plus voir parmi nous au cours de cette discussion.

M. Léon Say, dans la *Revue politique et parlementaire* de juin 1895, page 415, s'exprimait en ces termes :

« Les raisons d'ordre économique ne sont pas moins fortes contre l'impôt sur la rente que les raisons d'ordre moral et politique.

« C'est un impôt dont l'incidence n'est pas ce que pensent beaucoup de gens. Il s'amortit par la perte en capital que supporte le premier imposé.

« Supposez un impôt de 4 p. 100 sur le revenu de la rente, soit 4 fr. d'impôt par 100 fr. de rente. Dans cette hypothèse, la fortune de l'imposé est réduite à 96 fr. de rente. Les 100 fr. de la rente libre d'impôt qu'il possédait valaient auparavant 3,333 francs; chargée d'un impôt de 4 fr., ses rentes ne valent plus que 3,200 fr., et le surplus du capital, 133 fr., constitue la valeur en capital de l'impôt. L'ancien rentier possèdera donc, après l'impôt, 3,200 fr. de fortune et jouira de 96 fr. de rente; l'État se sera approprié les 133 fr. de différence qui lui rapportent 4 fr. par an. Si l'imposé meurt, ce seront les 3,200 fr. que recevront ses héritiers; ceux-ci ne s'inquiéteront pas des 4 fr. de rente supprimés. Le défunt avait 96 fr. de rente net dans son avoir; l'inscription qui passe à ses héritiers est comptée pour 3,200 fr.

« Si, au lieu d'un héritier, c'est un acheteur qui devient maître de l'inscription, cet acheteur a fait son compte avant de se décider à l'acquérir. Il a su que pour 3,200 fr. il aurait un revenu net de 96 fr., et ce revenu net, il l'a payé en conséquence au taux de l'intérêt du jour; il y a un « copropriétaire » —c'est la même expression que j'ai employée tout à l'heure — de l'inscription totale dont il est devenu acquéreur. Que ce copropriétaire soit l'Etat ou un particulier quelconque, cela est indifférent à l'acheteur; il vit dans l'indivision du titre, dans une proportion déterminée avec partage des produits.

« Qu'importera aussi plus tard le fait ancien aux capitalistes de l'avenir? Ils jouiront en plein de l'intérêt du capital qu'ils auront placé au taux de l'intérêt courant à l'époque de leur achat. Ils ont eu et ils auront la possibilité de se faire le même produit net avec le même capital que s'il n'y avait pas eu d'impôt, puisqu'ils ont payé ou qu'ils payent leurs inscriptions en conséquence. Ils seront donc exempts d'impôt. »

Et ce n'est pas seulement M. Léon Say qui émet cette opinion. Je ne veux pas abuser des citations afin de ne pas prolonger outre mesure mon discours et de crainte de fatiguer la Chambre; mais j'ai là un passage très court extrait du premier projet d'impôt sur le revenu qu'avait présenté M. Cavaignac.

M. Cavaignac, expliquant le mécanisme de l'impôt réel, s'exprime ainsi :

« En réalité, ce n'est plus la personne qui paye l'impôt, c'est la chose. Le titre de valeur mobilière porte son impôt avec lui, il le porte dans toutes les mains où il passe, il se l'est très réellement incorporé, en amputant d'une somme correspondante le capital qu'il représente, le jour où l'impôt fut établi. »

Avec les paroles de M. Cavaignac, d'une part, et celles de M. Léon Say, de l'autre, je crois être étayé d'assez grandes autorités pour que mon paradoxe ne paraisse pas trop paradoxal. Une seule chose m'étonne, c'est qu'après avoir fait ces observations, M. Léon Say et M. Cavaignac aient commis une certaine inconséquence qui fait que je ne les suis ni l'un ni l'autre. M. Léon Say reconnaît que lorsqu'on établit un impôt réel sur une valeur, ce n'est pas un impôt qu'on établit mais une spoliation que l'on commet, une amputation que l'on fait subir sur son capital au détenteur actuel de l'objet frappé d'impôt.

Il semble que la conséquence serait de conclure qu'à l'avenir, quand nous aurons besoin de nouvelles ressources, soit pour remplacer des impôts indirects qui gênent les mouvements de l'industrie et de l'agriculture et que nous voudrions supprimer, soit pour tout autre objet, nous ne devrons plus recourir aux impôts réels, mais aux impôts personnels, parce que les impôts réels sont des amputations de capital. Et cependant M. Léon Say conclut que lorsque nous aurons besoin de nouvelles ressources, nous devrons recourir aux impôts réels et non aux impôts personnels.

Mais M. Cavaignac et M. Doumer, que j'aperçois, en ce moment, en face de moi, commettent la même inconséquence, car, après avoir reconnu que l'impôt réel est une amputation de capital, que, dès lors, lorsqu'ils sont établis depuis longtemps, ils n'existent plus, qu'ils sont amortis et que les supprimer, c'est faire, par conséquent, un don gratuit au possesseur du capital actuel grevé d'impôts, ils en déduisent des conclusions inadmissibles. C'est l'un des points sur lequel j'étais en désaccord avec M. Doumer, sur son premier projet d'impôt, comme je le suis avec celui qu'il présente aujourd'hui ; mais je n'en éprouve aucune gêne, parce que nous votons sur des projets et non sur des principes à venir; il sera temps de me séparer de lui, le jour où il voudra mettre en pratique les espérances qu'il a et qu'il expose, mais qui ne figurent pas dans son projet actuel.

M. Doumer, après avoir reconnu que l'impôt réel s'incorpore dans la valeur de l'objet, qu'il disparaît, que, par conséquent, lorsqu'on le supprime, on fait un don gratuit au propriétaire de l'objet actuellement taxé, nous dit : Je désire, quand mon impôt sur le revenu aura été bien établi, quand il sera constitué, arriver à l'étendre, afin de remplacer par cet impôt les quatre contributions directes actuelles.

M. Paul Doumer. C'est cela!

M. Alfred Naquet. Je crois que notre collègue est dans l'erreur et qu'il commet une inconséquence du même ordre que celle de M. Léon Say demandant qu'on s'adresse toujours aux impôts réels, après avoir reconnu qu'ils sont des spoliations. Pour moi, qui désire très vivement que l'impôt sur le revenu global soit établi, comme le propose M. Doumer, et qui désire qu'il se développe, je veux le développer pour le substituer, non pas aux quatre contributions directes actuelles, qui ont disparu, qui sont des copropriétés de l'Etat, que je ne veux pas restituer à qui n'y a plus aucun droit, mais aux impôts indirects et notamment aux octrois, qui pèsent lourdement sur les petits contribuables et nuisent à l'agriculture autant qu'aux grandes villes, en empêchant les véritables débouchés des produits agricoles.

Maintenant, j'estime que nos honorables collègues qui siègent sur les bancs des socialistes doivent considérer d'un œil tout à fait favorable l'impôt sur la rente que vous proposez, parce que pour eux le véritable impôt socialiste, l'impôt socialiste par excellence, c'est l'impôt réel spécialisé.

Quand vous établissez un impôt personnel comme celui de M. Doumer, ils le votent parce qu'ils sont au sein d'une société capitaliste, parce qu'il y a des souffrances et qu'ils ne peuvent pas négliger, en vue d'un avenir plus ou moins éloigné, les souffrances immédiates auxquelles il importe de porter remède. Ils acceptent donc une réforme d'ordre capitaliste; ils agissent, comme le disait l'autre jour M. Jules Guesde, lorsqu'il déclarait que la journée de huit heures était une réforme d'ordre capitaliste et non pas d'ordre économique. Il en était de même pour eux de l'impôt sur le revenu. Mais l'impôt sur la rente qui est une banqueroute partielle, une incorporation partielle, une sorte de mainmise de l'Etat sur le capital social, c'est le véritable impôt socialiste. Il n'y aura plus qu'à le développer; vous n'aurez plus qu'à augmenter l'impôt sur les revenus des chemins de fer, des mines, de la rente, et à les augmenter chaque jour pour que, dans un temps donné, la plus grande partie de ces capitaux soit passée entre les mains de l'Etat, et ce jour-là la socialisation des instruments de travail sera chose faite. (*Très bien! très bien! à l'extrême gauche.*)

M. Lemire. Il faut avant tout payer ses dettes!

M. Alfred Naquet. Mais je reviens à votre impôt.

Quand l'Angleterre a établi l'*income-tax*, elle a opéré d'une façon tout à fait différente de la vôtre. Elle s'est trouvée, elle aussi, en présence d'impôts anciens, car il n'y a pas d'Etats vierges. Oh! je reconnais que si, demain, nous étions en présence d'un Etat absolument vierge comme l'Etat du Congo — et encore, l'est-il? Je n'en sais rien (*Rires*) — et qu'on vous dit: Nous allons établir un impôt par cédules frappant tous les revenus et les frappant au même taux de façon qu'aucune incidence ne puisse se produire d'une valeur sur l'autre, ce serait exactement l'impôt global de M.

Doumer sous une autre forme, et comme, tout en préférant l'impôt global, je ne suis pas intransigeant, parce qu'en politique, si on ne voulait jamais faire que ce qui vous paraît le meilleur, on serait conduit à ne rien faire jamais (*Nouveaux rires*), j'accepterais votre impôt sur les revenus, même s'il frappait le revenu de la rente; mais tel n'est pas le cas aujourd'hui. C'est ce que les Anglais ont fait parce qu'ils ne se sont pas occupés des impôts existant antérieurement à celui qu'ils ont établi. Il y avait en Angleterre un impôt foncier antérieur à l'établissement de l'*income-tax;* cet impôt foncier s'appelait la *land-tax* ou taxe sur la terre.

M. Paul Doumer. Il existe toujours!

M. Alfred Naquet. Parfaitement, monsieur Doumer!

Eh bien! les auteurs de l'*income-tax* n'ont pas dit: Il y a plusieurs cédules à établir, dont l'une est déjà établie, existe, fonctionne; cette cédule existante, c'est la *land-tax*, nous la laissons telle qu'elle est, nous nous bornons à la compléter en établissant les cédules qui n'existent pas encore. Non! au-dessus de la *land-tax* ils ont superposé la cédule sur le revenu foncier, cédule qui, à l'heure actuelle est, si je ne me trompe, plus du double de la *land-tax*. Ils ont agi de la sorte parce que la *land-tax* était amortie. Voilà pourquoi j'ai le droit de dire que vous n'opérez en aucune façon comme nos voisins. Quand vous établissez un impôt sur la rente, vous ne complétez pas un système, vous êtes toujours en présence du neuf, vous faites toujours du neuf, vous faites toujours un impôt spécialisé.

Voilà la vérité, voilà pourquoi votre exemple ne ressemble pas à celui de l'Angleterre.

J'ajoute qu'il y a d'autres points de dissemblance. Si vous nous apportiez un budget comme le budget anglais, qui a 200 millions portés à l'amortissement, qui du jour au lendemain pourrait emprunter, si des événements extérieurs l'y obligeaient, 5 milliards de francs, faire un emprunt égal à celui que nous avons fait pour la libération du territoire, sans avoir un sou de contributions supplémentaires à demander à ses contribuables et uniquement en supprimant pour un temps l'amortissement; si, depuis des années, au lieu de faire des emprunts multipliés, vous étiez entrés dans la voie de l'amortissement; si vous aviez réduit de moitié votre dette publique, je ne craindrais pas au même degré les incidences de votre impôt et les conséquences fâcheuses, désastreuses, dirai-je même, que cet impôt peut porter au crédit de la France, qui, à l'heure actuelle, au point de vue extérieur, militaire, comme au point de vue économique, est peut-être la plus grande force qui reste à notre pays. (*Très bien! très bien! sur divers bancs.*)

Messieurs, je vais avoir fini. Je ne veux plus dire qu'un dernier mot, et ce mot s'adresse particulièrement à ceux de mes collègues qui siègent de ce côté de la Chambre (*l'orateur désigne la gauche*) et qui, ne partageant pas tous mon sentiment relativement à l'immunité de la rente, pourraient être disposés à voter cet impôt sur les fonds d'Etat français si aucune autre considération que la considération même de cet impôt n'était placée sous leurs yeux. Je veux dire qu'ils voteraient volontiers l'impôt sur la rente, mais que, à coup sûr, la plupart d'entre eux préfèrent l'impôt global sur le revenu que leur a apporté le cabinet Bourgeois-Doumer.

Or, que faites-vous dans ce moment-ci?

Vous faites un impôt qui a pour but et pour objet, qui dans tous les cas aura ce résultat, s'il n'a pas ce but et cet objet, de rendre pour longtemps difficile ou impossible l'application du projet Doumer-Bourgeois. (*Mouvements divers.*)

M. le ministre des finances. Je m'en flatte!

M. Alfred Naquet. Lorsque votre impôt aura été voté et que nous reviendrons demander l'impôt global sur le revenu, vous, monsieur le ministre, et même ceux qui vous combattent en ce moment à l'occasion de l'établissement d'une cédule spéciale relative à l'impôt sur la rente, je vous vois monter à cette tribune et dire : De quoi vous plaignez-vous? L'impôt général sur le revenu, nous l'avons! Tous les revenus sont imposés. Il y a peut-être eu, à un moment donné, une spoliation particulière par l'amputation d'une partie du capital des rentiers : peu importe, c'est chose faite à l'heure actuelle; tous les revenus, ou presque tous, sont imposés; s'il y a encore quelques petits compléments à apporter, apportons-les, mais ne troublons plus l'ordre de nos finances et ne parlons plus de l'impôt global sur le revenu.

Et alors il est à craindre que pendant longtemps vous ne trouviez des majorités dans cette Chambre et dans l'autre. Eh bien! ce serait une politique singulière, singulièrement malavisée, que celle qui consisterait, pour avoir ce petit os à ronger, l'impôt sur la rente, — qui ne me séduit pas, quant à moi, mais qui peut séduire quelques-uns, — à abandonner le véritable repas : l'impôt sur le revenu que vous proposait M. Doumer.

D'autant, messieurs, que l'impôt Doumer était un véritable impôt démocratique et que le vôtre n'a point cette qualité, parce qu'avec votre impôt par cédule, que vous ne totalisez pas, que vous ne globalisez pas, vous ne pouvez pas faire la progressivité dans l'impôt.

M. Lemire. On pourra l'établir plus tard. M. Ducos le propose.

M. Marcel Sembat. Espérons que le prochain ministère modéré nous apportera l'impôt sur le revenu! (*On rit.*)

M. Alfred Naquet. Je ne l'espère pas, je n'ai pas tant de confiance dans cette espèce particulière de modération.

Je crois que nous ne pouvons pas renoncer à cette globalisation, qui aurait pour conséquence la progressivité de l'impôt. J'estime et vous estimez comme moi qu'il n'y a pas de véritable justice fiscale dans un impôt qui est un impôt de redressement et de compensation en dehors de la progressivité, qui ne peut exister qu'avec la totalisation.

Je dois vous faire remarquer, messieurs, que je n'acceptais pas dans toutes ses parties le projet de M. Doumer. Je lui ai adressé une critique et je lui en adresserai d'autres. Ce que je trouvais mauvais dans le projet Doumer, c'est qu'il établissait des détaxes trop considérables, parce qu'à mon sens, l'impôt global sur le revenu étant appelé à s'étendre considérablement pour remplacer plus tard des impôts indirects qui frappent trop lourdement les petits contribuables, il ne faudrait pas exempter complètement de cet impôt sur le revenu des classes entières de citoyens qui, en somme, doivent rester intéressés à l'état des finances publiques. En un mot, je ne voudrais pas que l'on créât des classes de citoyens n'ayant aucune solidarité dans l'impôt; j'aurais voulu que tout le monde eût à payer l'impôt. A mon sens, les petits devraient payer beaucoup moins, mais il ne doit pas y avoir de détaxe complète.

Il y a un autre point sur lequel j'étais en désaccord avec M. Doumer. M. Doumer imposait tous les capitaux sur le même pied sans discrimination; eh bien, je considère que les revenus du capital et ceux du travail doivent être discriminés.

Mais il y a encore autre chose. Je suppose — c'est une pure hypothèse que je fais là malheureusement — que je possède en ce moment 30,000 fr. de revenu placés en rente sur l'Etat et représentant, à peu près, 1 million de capital. Dans le système de M. Doumer, on m'aurait demandé : Combien de revenu avez-vous ? — J'aurais déclaré 30,000 fr., et l'on m'aurait taxé à 800 fr. environ. Mais si, au lieu d'avoir 30,000 fr. en fonds d'Etat, j'avais eu 30,000 fr. de revenu en Ferreira, en Robinson, en mines d'or quelconques, en quelque valeur aléatoire dont le revenu doit être divisé en deux parties : l'une qui représente vraiment l'intérêt du capital et l'autre qui représente une prime d'assurance contre les aléas de l'avenir, j'aurais été taxé, moi qui aurais eu infiniment moins en réalité, sur le même pied que si j'avais possédé 1 million. Evidemment, c'eût été injuste.

Mais je suis convaincu que si le projet de M. Doumer était venu en discussion et si l'on nous avait proposé d'établir, par exemple, que le capital, dans la supputation du revenu, ne pourrait jamais être estimé comme produisant plus de 4 ou 5 p. 100, M. Doumer y aurait accédé ; car il nous a dit ici qu'il ne considérait son projet que comme une base de discussion et que, pourvu que nous respections les deux principes fondamentaux de la globalité et de la progressivité, il amenderait le projet au gré de la Chambre. Il nous en a donné déjà la preuve en modifiant son ancien projet, pour répondre au désir qu'avait manifesté la Chambre il y a trois mois.

Par conséquent, quoique je ne fusse pas partisan *in globo* du projet de M. Doumer tel quel, je le trouvais et je le trouve encore supérieur aux autres ; amendé comme il aurait pu l'être, c'eût été un projet eminnemment démocratique. C'eût été engager une réforme vraiment sérieuse, qui aurait porté ses fruits, au lieu d'arrêter toute réforme au passage au nom de votre prétendu esprit réformateur. Eh bien! si c'est en cela que votre esprit réformateur consiste, et si le pays désire véritablement les réformes, comme je le suppose, je lui souhaite d'être longtemps protégé contre des réformateurs tels que vous. (*Vifs applaudissements à l'extrême gauche et sur plusieurs bancs à gauche.*)

Le Lotus bleu du 27 juin 1896 (7e année n° 4)

MATÉRIALISTE ET THÉOSOPHE

CINQUIÈME LETTRE

Mon bien cher ami,

Je viens de finir un livre très profond, très savant et très troublant.

Je dis troublant, car cette conception est à la fois troublante intellectuellement, et sentimentalement effrayante.

Si le corps des désirs, Kama, les passions, les pensées n'étaient que des formules, des expressions figurées, je m'y accommoderais ; mais non ! d'après l'enseignement théosophique, ces corps sont réels, ce sont des êtres matériels. L'homme me fait l'effet de l'une de ces boules chinoises composées d'une foule de boules imbriquées qui tournent l'une dans l'autre, et dans chacune desquelles le penseur pourrait alternativement se fixer avec sa soi-conscience. C'est déjà dur.

Mais il y a plus.

Si je comprends bien, le penseur, l'ego immortel, c'est le Manas ; le Sthula Sarira et le Linga Sarira ne sont que des agrégats matériels rapidement périssables. Prana en bas, Buddhi et Atma en haut ne sont que des milieux qui traverzent notre être spirituel ou matériel comme l'eau fait une éponge, et qui, tout en faisant partie de notre être pendant qu'ils l'imprègnent, ne s'identifient pas avec lui.

A la rigueur ceci serait compréhensible ; mais il est un point qui me démonte, c'est le dédoublement de la personnalité, c'est la division du manas en inférieur et supérieur ; c'est cette coque consciente du Kama-rupa qui, dans certains cas, peut devenir assez persistante pour donner lieu à des réincarnations monstrueuses, et qui finit toujours par une désintégration dans laquelle il arrive que Manas inférieur lui-même soit anéanti par son absorption dans Mahat.

Le vieux syllogisme spiritualiste dont on a bercé nos enfances est celui-ci : « La matière est divisible ; or, ce qui pense est un et indivisible ; donc ce qui pense n'est pas matière. »

Eh bien ! ici, ce qui pense, Manas, cesse d'être un. Il se divise en deux parties qui vivent séparément et qui peuvent se réunir ; de telle manière qu'à un moment donné mon être est coupé en deux parties, qui toutes les deux se sentent, la moitié pure qui est en Dévachan, et la partie inférieure qui est dans le Kama-Loca. Je ne comprend plus.

J'ajoute que les principes exposés bouleversent toutes mes idées. Je retrouve là les apparitions, les sabbats, la lycanthropie, le vampirisme, la sorcellerie ; si bien que les procès de sorcellerie seraient justifiés, que Jean Hus, Luther, Voltaire, Mirabeau, auraient fait rétrograder l'humanité, que la Révolution aurait été pour l'homme une période morbide, et que le progrès, aujourd'hui, consisterait en un retour au Moyen-âge.

Je sais bien que la Révolution a fait banqueroute ; que la démocratie, actuellement au moins, ne nous donne rien de ce que nous en avions escompté, et j'en souffre assez cruellement ; mais je me dis qu'elle est à son aurore, que l'humanité ne va pas encore mourir, qu'après une période de tâtonnement elle s'organisera sans doute, et tous mes sentiments protestent contre le retour au passé qui, s'il était le but, démontrerait que deux ou trois siècles d'efforts, de labeurs et de souffrances auraient été perdus pour le genre humain.

La conception matérialiste n'est pas gaie ; je la trouve cependant plus calmante que l'autre ; mourir est triste ; mais vivre toujours ! Vivre pendant des milliards de siècles de réincarnations et de souffrances pour arriver à un Nirvana qui peut être, qu'on nous dit devoir être, la supérieure jouissance, mais que, comme le ciel de toutes les religions, on est impuissant à décrire, à nous faire comprendre et désirer ! C'est le comble de l'effroi.

Si au moins cela satisfaisait l'esprit de justice ! mais non ! Je crois l'avoir établi dans ma précédente lettre : le problème du mal n'est pas plus résolu par ce système que par les autres ; pourquoi de bons et de mauvais Karmas, même avant la période de volonté ? pourquoi des animaux heureux et d'autres sacrifiés ? pourquoi des dieux qui ont déjà atteint le Nirvana, et des êtres encore plongés dans les 3 degrés inférieurs au minéral ? Mystère insondable que tout cela.

Vous dites qu'avec l'hypothèse matérialiste la vie serait une dérision. Je le veux bien ; mais elle l'est peut-être encore plus avec l'idée théosophique. Quant à l'explication, elle est certainement plus facile avec le matérialisme.

Vous êtes obligés d'admettre une Cause incausée, une Etre-té (j'ignore le sens de ce néologisme). Pourquoi cette Cause incausée ne serait-elle pas cette matière une vivante dans ses dernières ultimates ?

On parle quelquefois de l'âme d'un peuple, et, de fait, un peuple a une âme distincte de celle des individus qui le constituent ; mais supprimez tous les Français, que devient la France qui est une résultante ? elle disparaîtra si les Français ont disparu. Elle aura diffusé sa pensée dans celle de mille peuples nouveaux, si les Français n'ont fait que changer de nationalité ; mais comme entité distincte, se sentant, se connaissant, elle ne sera plus.

Eh bien ! l'homme est aussi une fédération de « vies » primitives et irréductibles. L'assemblage de ces « vies » par leur aspect matériel constitue le corps ; leur assemblage comme conscience donne le moi pensant et conscient. Lorsque ces vies se séparent, le moi se désintègre comme Kama-rupa ; ses éléments immortels vont continuer à vivre dans d'autres personnalités ; mais le moi actuel disparaît, et si nous avons le sentiment de l'immortalité, à supposer que ce ne soit pas là une conception purement négative, nous le puisons dans l'immortalité de ces atomes primitifs.

Et la justice me direz-vous ? Effectivement, si votre conception satisfaisait l'esprit de justice, elle serait supérieure à toute autre ; mais elle ne la satisfait pas ; la justice me paraît une pure conception humaine sans objectivité, un devenir vers lequel nous tendons par l'évolution sociale, qui, comme tous les devenirs, n'est réalisable qu'à l'infini, mais qui, dans la limite où il peut se réaliser, doit se réaliser dans les sociétés humaines.

Et puis, ce qui me chiffonne encore c'est ceci : la perfection consiste à dompter Kama, à éteindre le désir, c'est-à-dire l'activité matérielle.

Or, tous les progrès réalisés dans l'humanité l'ont été par cette activité dont Kama est la source. C'est Kama qui crée les routes, les canaux, les chemins de fer, le téléphone ; ôtez Kama, vous aurez des faquirs qui perfectionneront leur être, mais malgré leur désir d'aider leurs semblables, leurs semblables croupiront dans l'état des peuples orientaux.

Et cependant les théosophes sont de profonds penseurs ! Comment concilier avec ce fait les contradictions et les obscurités dont votre doctrine fourmille et qui ne vous arrêtent pas ?

Par mon ignorance ? C'est probable. Je sais bien que, quand un génie en science apporte d'intuition un système nouveau, les savants de premier ordre y voient des objections de diverses natures : lui ne s'en occupe pas ; il les néglige, sûr qu'elles s'aplaniront plus tard ; et plus tard, elles s'aplanissent. En est-il ainsi de la théosophie ? C'est encore possible.

Mais si vos penseurs sont de grands penseurs, les savants qui ont renouvelé le monde le sont aussi, et ils sont à vos antipodes. Qui croire ?

Ah ! si vous pouviez fournir des preuves matérielles. Mais le miracle seul (pris dans le sens où vous le prenez) en est capable. Et comme le miracle ne peut apporter qu'une preuve directe, qu'en cette matière le témoignage humain doit être rejeté, il faudrait pouvoir le reproduire à volonté jusqu'au jour où toute opposition étant vaincue il serait devenu inutile, où l'on croirait sur parole, comme on croit, sur la foi des savants, que la terre tourne, sans en faire la démonstration.

Ce miracle même, il faudrait, pour qu'il fût probatoire, qu'il s'accomplît dans des conditions de nature à bannir l'hypothèse de l'hallucination de celui qui l'a vu. C'est ce que comprend Olcott lorsqu'il fait laisser sur son bureau le fetha de son apparition.

Ur, ces preuves là, si elles sont réelles, ne sont à la portée que de bien peu de personnes. Et si elles n'existaient pas? et si elles n'étaient que l'illusion d'esprits supérieurs, hallucinés par la persistance même de leurs pensées!

Il faut s'entraîner pour les obtenir. Et si, dans cet entraînement, on perd son temps, si l'on gaspille les forces que l'on aurait pu mettre au service des hommes pour aboutir finalement à une hallucination!

Tout cela est archi-troublant; peut-être y a-t-il des élus, des voyants. Mais peut-être, s'il y en a, vaut-il mieux leur laisser leur supériorité et attendre son heure avec ses frères en humanité, en se bornant à être bon, à aimer les hommes, à défendre les petits et les humbles, à faire en un mot le bien que l'on peut, sans se préoccuper du lendemain.

Je reconnais cependant que ceux qui, comme vous et tant d'autres, sont arrivés à croire absolument à la révélation du Boudhisme ésotérique, et que cette conception n'épouvante pas, sont heureux comme quiconque est, ou se croit en possession de la vérité absolue. Mais je me sens bien loin de cet état d'âme, et si vous êtes dans le vrai j'ai besoin de pas mal de réincarnations pour y parvenir; aussi voudrais-je n'y plus penser. Cependant, malgré moi, ces idées me tourmentent et je suis entraîné à les lire.

A. Naquet   X. Député.

Voir pour la réponse aux varios simples - t v - p 54

Le gaulois du 13 juillet 1896 (30ᵐᵉ année - 3ᵉ série - nᵒ 5363)

LA QUESTION
DU
BIMÉTALLISME

Opinions de MM. Arthur R... ovich, Alfred Naquet et Maurice Rouvier

La question du bimétallisme est à l'ordre du jour, aux États-Unis, où les différents partis politiques la discutent en vue de l'élection présidentielle. La convention nationale du parti démocrate à Chicago vient de désigner, comme l'on sait, ses deux candidats à la présidence et à la vice-présidence : MM. Bryan et Sewell, partisans de l'argent, qui ont, dès maintenant, comme

concurrents, MM. Mac-Kinley et Hobhart, partisans de l'or, représentant le parti républicain.

Devant l'importance qu'à prise ainsi cette
question, devenue, par le fait, d'un intérêt international, nous avons voulu demander à certaines
personnalités du monde politique, économique
et financier, leur avis. Voici les réponses qu'ont
bien voulu nous faire MM. Arthur Raffalovich,
Alfred Naquet et Maurice Rouvier :

M. ARTHUR RAFFALOVICH

—Malgré tout le bruit que font les bimétallistes
dans le monde, malgré toute leur assurance relativement au triomphe de leur détestable politique
monétaire, je ne crois pas au rétablissement du
double étalon, tel qu'il a fonctionné dans le passé,
ni à la possibilité d'un accord international en
vue de la réouverture des ateliers monétaires à
la frappe libre et illimitée de l'argent.

» Ce qui me fait croire que nous conserverons
le *statu quo* actuel, c'est l'observation attentive
des faits avant la conférence monétaire de
Bruxelles en 1892-93, où j'ai eu l'honneur d'être
délégué par le gouvernement impérial de Russie,
et depuis lors, quoi qu'en disent les bimétallistes,
leur cause n'a pas fait de progrès sérieux depuis
la séparation des délégués à cette conférence, qui
avait été seule comme celles qui l'ont précédée.

» Si l'or est devenu la monnaie qui sert de base
aux grandes transactions, à l'établissement du
prix des marchandises et à la liquidation des
engagements internationaux, c'est l'effet de la
force même des choses, du progrès économique.

» Les bimétallistes se plaisent à expliquer la
baisse des prix des grands articles de production agricole et industrielle, en l'attribuant à la
démonétisation de l'argent, à la dépréciation du
métal blanc. Ils négligent de nous parler des progrès immenses de l'outillage économique, de l'a-
baissement prodigieux du fret maritime et du
transport par terre, qui a supprimé les distances.

» Un de leurs arguments a été une prétendue
disette monétaire, une crainte de manquer d'or.
Aujourd'hui, ils ne peuvent plus guère invoquer
cet épouvantail. La production de l'or a pro-
gressé considérablement. L'encaisse des grandes
banques s'est enrichie dans des proportions
inouïes.

» Ni l'Angleterre, ni l'Allemagne ne modifie-
ront leur régime monétaire. Commerçants et industriels sont déterminés à défendre énergiquement ce qu'ils considèrent comme la condition
indispensable de la prospérité nationale, notam-

ment la bonne monnaie, *sound money*.

» Les hommes d'État, qui sont responsables du gouvernement en France, peuvent faire des politesses aux bimétallistes, parce qu'il y a là un intérêt électoral ; mais il est peu probable qu'ils se lancent dans une aventure extrêmement dangereuse. La France ne saurait rouvrir ses hôtels de la Monnaie à la frappe libre, sous peine d'être inondée aussitôt par l'argent américain, australien, allemand, qui viendrait s'échanger contre l'or qu'elle détient, et une fois qu'elle aurait revêtu cet argent de son effigie officielle, elle s'apercevrait du marché de dupes qu'on lui a fait faire. M. Tirard a été heureusement très net là-dessus à Bruxelles.

» » Pour ce qui est de la Russie, elle se prépare avec l'énergie et la suite dans les idées qui la caractérisent à substituer l'étalon d'or au papier-monnaie et au rouble argent. Productrice d'or, encaissant le produit de ses douanes en or, ayant une dette considérable libellée en or, visant avant tout à la stabilité, à la sécurité monétaire, la Russie ne tardera pas longtemps à achever une réforme monétaire qui depuis 1881 a été l'objet de ses ambitions légitimes.

» N'oubliez pas de noter que le parti ouvrier en Allemagne est acquis à l'étalon d'or. En Angleterre, quoi qu'en disent les bimétallistes, il en est de même : l'ouvrier aussi bien que le banquier de la City est attaché au maintien du système monétaire établi depuis de longues années. »

M. ALFRED NAQUET

M. Alfred Naquet nous a adressé la très intéressante lettre suivante :

« Monsieur,

» La question du bimétallisme me paraît assez simple.

» Il est certain que le fait d'avoir une monnaie dépréciée à l'extérieur, si la dépréciation tarde à se produire à l'intérieur, favorise l'exportation autant qu'il nuit à l'importation. Les pays surtout exportateurs peuvent donc y trouver un avantage momentané, et les pays importateurs n'y trouvent jamais qu'un désavantage.

» Je dis que pour les premiers l'avantage est momentané. Comment, en effet, agit le phénomène économique ?

» Un négociant achète à Londres pour cinquante-deux francs une quantité de métal blanc susceptible, là où la frappe de l'argent est libre, de se convertir en une quantité de monnaie valant nominalement cent francs.

» Si cette monnaie a conservé dans le pays sa puissance intégrale d'achat, il achètera avec elle pour cent francs de blé qui, en fait, ne lui coûtera que 52 francs, et il pourra, en France, vendre le blé à 48 0/0 au-dessous de ce que serait sa valeur réelle, si la monnaie avait été la même dans les deux pays. D'où une concurrence néfaste pour les pays à saine monnaie.

» Mais il est clair que cette faculté de se procurer du blé au-dessous du prix, amènera de nombreux acheteurs. Ceux-ci verseront chaque jour de nouvelles masses d'argent sur le marché ; la monnaie ne tardera pas à dépasser la proportion normale. Dès ce moment, le prix des marchandises s'élèvera, jusqu'au jour où l'équilibre sera établi.

» Mais, jusque-là, que de désordres économiques et de souffrances !

» Il est clair que tout ceci serait évité si tout le monde acceptait le monométallisme or, ou le monométallisme argent, ou le bimétallisme, en un mot un même système monétaire.

» Et comme on ne peut pas modifier les mœurs orientales, qui n'acceptent que l'argent, il est évident que le bimétallisme accepté partout supprimerait une cause passagère de concurrence désastreuse. Mais les mines d'argent, étant inépuisables, travailleraient toutes, produiraient énormément et on verrait le prix de toutes marchandises s'élever indéfiniment.

» Toutefois, comme cela serait égal pour tous, il n'y aurait d'inconvénient sérieux pour personne.

» Je ne serais donc pas hostile au bimétallisme, si tout le monde l'acceptait.

» Mais la nation qui ouvrirait ses hôtels des Monnaies à l'argent, alors que deux grandes puissances telles que l'Allemagne et l'Angleterre ne les imiteraient pas, verrait fuir son or. Elle s'appauvrirait, et pour remédier à un phénomène fâcheux sans doute mais transitoire, elle se ruinerait définitivement.

» Je ne crois donc pas que, malgré leurs mines d'argent, les États-Unis puissent adopter seuls le bimétallisme, et si la France cherchait à entrer dans une telle voie, c'est de toutes mes forces que je m'y opposerais.

» Veuillez agréer, monsieur, l'expression de mes sentiments distingués.

» A. NAQUET. »

M. MAURICE ROUVIER

— Je n'ai jamais été appelé à donner mon avis directement sur la question, nous dit M. Rouvier. Mais j'ai eu l'occasion d'émettre des idées « à côté » au cours de la discussion qui eut lieu à la Chambre il y a quatre ans à propos de l'interpellation de M. de Soubeyran sur la question monétaire et où je soutins cette proposition à savoir que les perturbations du change les plus profondes proviennent non pas de la baisse du métal argent, mais bien des conditions particulières à ceux des États qui la subissent le plus profondément.

» Si mes idées là dessus sont de nature à vous intéresser, vous en aurez un court aperçu dans le discours que je prononçai à cette occasion.

» Cet aperçu, le voici :

» — Il n'est pas contestable que l'abaissement du change en Espagne, en Portugal, dans les républiques de l'Amérique du Sud, vient d'une cause unique — l'excès de la circulation du papier — et non pas de l'avilissement de la valeur du métal argent.

» En Autriche, la situation est un peu différente ; le change est d'ailleurs loin d'être aussi déprécié que dans les pays dont je viens de parler. Il y a en Autriche un papier-monnaie remboursable en argent, et je dois à la vérité de reconnaître que le métal argent se prête si peu, pour les paiements élevés, aux habitudes et aux mœurs de notre temps, qu'on refuse le remboursement des billets en argent et que le public préfère les billets.

» En Russie encore, là où le change varie avec beaucoup de rapidité, puisque d'un jour à l'autre les cours subissent de véritables soubresauts, soit en haut, soit en bas, ce n'est pas non plus le métal argent qui est la cause de ces variations aussi profondes, c'est la spéculation.

» En un seul pays la baisse du change est la cause réelle. Je veux parler des Indes anglaises, où la liberté de la frappe existe pour les particuliers et où il appartient à chacun de se libérer de ses acquisitions en transformant des lingots d'argent en monnaie.

» De ce très rapide exposé que je viens de faire, je tire cette première conclusion que, sans contester que nous subissons nous-mêmes le contre-coup de la situation, lourde pour tout le monde, qui a été décrite, nous en souffrons beaucoup moins que l'Angleterre. C'est l'Angleterre qui voit ses relations avec l'Inde rendues plus difficiles, souvent plus onéreuses, précisément à raison de la situation que je viens d'indiquer. Il en résulte que c'est surtout à l'Angleterre qu'il appartient de poursuivre la solution que nous recherchons.

. . . .

» Nous sommes la nation qui a la plus grande circulation d'argent ; nous en avons pour trois milliards et demi, peut-être davantage, car il n'y a pas de certitude absolue : les uns disent cinq milliards, les autres trois et demi. Disons trois et demi pour prendre le chiffre le plus bas. Il n'y a guère que les États-Unis qui possèdent une richesse en métal blanc aussi considérable que la nôtre...

» Au surplus le chiffre exact a peu d'importance et, si vous voulez, nous dirons que nous avons plus de métal argent que les États-Unis, et mon argument n'en sera que plus fort, car plus notre richesse métallique renferme un contingent élevé de métal blanc et plus nous avons le devoir d'être circonspects et de ne pas susciter des mesures qui feraient affluer encore dans notre pays un métal qui n'aurait pas de valeur libératoire chez les autres nations. »

Paul Roche

L'Éclair du 21 7bre 1895 — 9me année — n° 2856

LE DIVORCE

CONVERSATION AVEC M. ALFRED NAQUET

A propos d'un récent procès en adultère — Un auteur qui critique son œuvre. — Les idées s'élargissent. — Suppression du délit d'adultère. — Facilité du mariage entre complices. — Le divorce par consentement

Le récent procès qui a mis en lumière l'existence d'une agence de faux adultères destinée à procurer aux époux des causes de divorce, tout en conservant aux femmes divorcées le droit d'épouser leurs véritables complices, nous a suggéré l'idée de consulter sur ce point M. Naquet. Il était, en effet, intéressant de connaître le sentiment que ce singulier épisode de nos mœurs actuelles inspirait à l'apôtre du divorce et nous nous sommes rendu 42, rue de Moscou à l'appartement occupé depuis bien des années par le député de Vaucluse. Par un hasard heureux, nous avons la chance de rencontrer, malgré les vacances parlementaires, M. Naquet qui est venu faire à Paris un court séjour de quarante-huit heures.

L'auteur de la loi sur le divorce nous a reçu, avec son affabilité habituelle, dans le petit cabinet

de travail bien connu de tous ses amis et des personnes fort nombreuses qui sont quelque peu en
relations avec lui.

Déclarations de M. Maynet

— Connaissez-vous, lui demandons-nous tout
d'abord, le dernier procès en adultère qui vient de
faire quelque bruit dans la presse et au palais ?

— Certainement, j'ai suivi de très près cette
audience intéressante. J'ai même tenu à m'en entretenir avec mon excellent ami, M° Ignace, qui a
plaidé pour la femme et qui a donné à ce débat
son véritable caractère, en abordant très franchement la critique de la législation existante qui
a cessé d'être en harmonie avec l'état des mœurs
et les idées actuelles.

Ce procès démontre, ce que j'ai bien souvent
répété, que, lorsque la nécessité s'impose de réaliser une réforme, lorsque l'état des mœurs la rend
obligatoire, il faut avoir le courage de l'accomplir complètement, radicalement; s'arrêter aux
demi-mesures est toujours une faute. Donner et
retenir ne vaut; à vouloir s'arrêter à mi-chemin,
on n'empêche rien; on engendre seulement des
moyens à côté, des moyens clandestins pour éluder les dispositions légales que les mœurs repous-
sent et l'on met le mensonge à la place de la
vérité.

Des agences comme celle qui a si fort étonné le
public, c'est, il faut avoir le courage de le dire,
la législation qui les fait naître par les entraves
ridicules qu'elle accumule là où il n'en devrait pas
exister. Par exemple, comprend-on, à notre époque, dans l'état de nos mœurs et de notre civilisation, cet article 336 qui introduit l'action publique
dans des questions d'ordre purement privé et fait
de l'adultère un délit?

M° Ignace a commencé sa défense en exprimant
cette pensée que c'était une humiliation pour la
justice d'avoir à prononcer une peine sur la
plainte d'un mari indigne; il a eu raison.

La proposition de M. Viviani

— Croyez-vous, monsieur le député, qu'une proposition comme celle de M. Viviani, tendant à
l'abrogation de l'article 336, puisse avoir des chances d'aboutir et, surtout, soit acceptée par l'opinion publique?

— J'ignore ce qu'il adviendra de la proposition
de M. Viviani à la Chambre, au cours de la législature dont l'ordre du jour est très chargé. Je
sais combien est lente la procédure parlementaire
et je ne puis préciser à quel moment la réforme
dont mon collègue s'est fait l'initiateur passera
dans le domaine des faits accomplis. Quant à l'opinion publique, elle est sûrement mûre pour la recevoir, et s'il vous en fallait une preuve, je la trou-

...rale dans le réquisitoire de M. le substitut de Valles. La magistrature, debout et assise, par la nature même de ses fonctions, est naturellement conservatrice de l'ordre de choses existant ; c'est là que se rencontre au plus haut degré l'esprit de résistance aux innovations. Quand les magistrats reconnaissent eux-mêmes qu'une réforme législative est indispensable, on peut dire que celle-ci est non seulement mûre, mais blette.

Or, savez-vous comment s'est exprimé M. le substitut de Valles ? Après s'être déclaré, comme ministère public, obligé de témoigner d'un respect absolu pour les lois existantes, il s'est néanmoins rallié à la plaidoirie de Mᵉ Iguace et n'a fait aucune difficulté pour reconnaître que l'article 336 du code pénal qui réprime le délit d'adultère et fait sanctionner par la loi le devoir de fidélité, jure avec les mœurs actuelles et fait l'effet d'un vieux débris du musée de Cluny ou d'une vieille bâtisse au milieu d'un quartier neuf. Si l'on refondait aujourd'hui le code pénal, a-t-il dit, on ne donnerait pas à l'article 336 la place que lui a donnée le code de 1810.

Est-ce assez démonstratif, assez significatif, cette déclaration-là ?

— Ainsi vous voterez à la Chambre la proposition de M. Viviani ?

— Sans aucun doute. Depuis le rétablissement du divorce, l'adultère a reçu dans la rupture du lien conjugal la seule sanction qui soit logique. Le mariage est un contrat civil. Comme tous les contrats civils, il impose des obligations. Le devoir de fidélité est l'une d'elles. Mais lorsque les conditions d'un contrat sont violées, cette violation ne saurait entraîner que des réparations civiles et, dans l'espèce, la réparation civile c'est le divorce.

Une disposition immorale

— Mais estimez-vous qu'il y ait lieu, dans la loi du divorce, de maintenir la disposition qui interdit à l'époux coupable d'épouser son complice ?

— Cette disposition est immorale au premier chef. Sur un amendement de M. Edouard Lockroy, la Chambre de 1884 l'avait sagement abrogée. C'est le Sénat qui l'a rétablie et la Chambre ne l'a acceptée que pour ne pas compromettre la réforme entière.

Comment ! Voilà une femme qui trompe son mari. Elle commet une faute que je ne cherche pas à justifier. Mais il y a, pour elle, une excuse dans l'amour qui lui a fait oublier ses devoirs conjugaux, dans la fidélité à l'homme auquel elle les a sacrifiés. Seuls cet amour, cette fidélité, peuvent la relever, la réhabiliter à ses propres yeux et aux yeux du monde.

En Angleterre on le comprend ainsi et, quand un divorce est prononcé, on flétrirait les deux complices qui ne légitimeraient pas leur union. On considère, dans le pays, le mariage entre les deux complices comme une réparation due par eux à la société dont ils ont troublé les lois. Rappelez-vous le mariage de Parnell.

En France, on dit à la femme : « Tu as trompé le mari auquel tu avais promis la fidélité. Tu tromperas aussi l'amant à qui tu t'es donnée et, si tu tiens à te remarier, tu épouseras un troisième homme. » C'est forcément la faire rouler sur une pente déplorable et immorale ; c'est la pousser à une sorte de prostitution.

Étonnez-vous ensuite qu'une femme cherche à ménager les droits qu'on lui conteste et que, au risque de se diminuer dans l'estime publique, elle s'efforce de se procurer de faux complices afin d'épouser le vrai !

Étonnez-vous aussi de ce que, dans une société où il n'est rien qui ne prête à une exploitation matérielle, où l'on trouve des hommes prêts à tous les métiers, on crée des agences de faux amants. Il existe bien des maisons de tolérance, la première de ces exploitations ne me paraît pas plus infâme que la seconde.

— Avez l'intention de réclamer l'abrogation de l'article qui interdit le mariage entre les deux complices d'un adultère?

— Je ne sais encore ce que je ferai. La loi du divorce nécessite un remaniement complet. Cette disposition est à supprimer, l'article 310 relatif aux conversions est à remanier et surtout le divorce par consentement mutuel doit être rétabli. J'aimerais mieux, au moment opportun, préparer une proposition générale de revision de cette loi que de la prendre par les détails.

— Mais ne croyez-vous pas que le consentement mutuel ne vienne encore accroître le nombre, déjà fort respectable, des divorces?

— Quelle plaisanterie! Le nombre des divorces dépend des mœurs et non de la loi. D'ailleurs, les législateurs qui se sont refusés à rétablir le divorce par consentement mutuel ont fait comme l'autruche qui se cache la tête dans le sable pour ne pas voir ce qui se passe autour d'elle. Le divorce par consentement mutuel existe sous la forme de jugements convenus. C'est même parce qu'il existe qu'en 1884, quand le Sénat a refusé de l'inscrire dans la loi, pour ne pas ajourner indéfiniment celle-ci, je n'ai pas autrement protesté. Je savais bien que la législation est imparfaite à s'opposer à ce qu'exigent les mœurs. Je savais bien que lorsque l'incompatibilité absolue des caractères rendrait la rupture du lien conjugal indispensable, les époux dont l'accord serait insuffisant à le provoquer, trouveraient le moyen de se créer des causes légales ; il fallait être aveugle pour ne pas le voir.

Seulement forcer les époux à invoquer des causes déterminées, c'est ouvrir la porte au mensonge, c'est faciliter la création d'industries interlopes, comme celles dont la découverte a produit, ces jours derniers, un tel étonnement ; c'est donner lieu à des débats contradictoires souvent fâcheux pour les familles ; c'est engendrer des actes d'indélicatesse et d'improbité comme celui du mari à la requête duquel le tribunal a dû prononcer, à son corps défendant, une peine aussi réduite que possible, mais enfin une peine.

Retour à la loi de 1792

— Ainsi vous estimez que la réforme à laquelle vous avez attaché votre nom est incomplète ?

— Certainement ! J'ajoute qu'il faudra plusieurs étapes pour arriver au but qui est le retour à la loi de 1792. Mais nous sommes prêts pour la première étape qui consiste dans la révision de l'article 310, en vue de rendre obligatoires les conversions aujourd'hui facultatives, dans l'abrogation de l'inhibition faite à l'époux coupable d'épouser son complice, dans le rétablissement du consentement mutuel et enfin, comme conséquence, dans l'abrogation du délit d'adultère. Outre que ce délit fait intervenir l'action publique là où elle n'a que faire, il jure avec le sentiment de la société contemporaine qui repousse l'inégalité créée par nos lois entre l'homme et la femme.

Non seulement l'adultère est un fait privé dans lequel la loi n'a pas à intervenir autrement qu'elle ne le ferait s'il s'agissait d'un contrat d'une autre nature, mais encore il place la femme dans un état d'infériorité que nos mœurs ne tolèrent plus. Les devoirs des deux époux sont égaux et il n'est pas admissible que la méconnaissance de ces devoirs puisse entraîner pour l'homme et pour la femme des conséquences différentes, ce qui est aujourd'hui le fait.

Le législateur, en faisant de l'adultère une cause de divorce, et en mettant de ce chef les deux époux sur le pied d'une égalité absolue, a donné à l'adultère la vraie place qui lui convient dans nos codes et l'heure me paraît venue de ne point lui en laisser d'autre et de supprimer les dispositions antédiluviennes dont les résultats sont si contraires aux espérances mêmes et aux désirs de ceux qui s'en font les défenseurs.

Le petit provençal du 5 8bre 1896 — n° 7203

M. Doumer dans le Vaucluse

A ORANGE

L'arrondissement d'Orange est, en ce moment, en voie d'accomplir, vers la République progressiste, une évolution que nous sommes heureux de souligner.

La lutte s'est engagée, quotidienne, acharnée, entre les partisans des théories du gouvernement qui ont abouti à ce résultat fâcheux de mettre un arrondissement républicain entre les mains de la réaction et les démocrates réellement indépendants qui veulent la République avec toutes ses conséquences.

Pour aider à ce mouvement, les personnalités les plus hautes, les orateurs les plus éminents du parti avancé viennent y apporter la bonne parole.

L'autre jour, c'était Lockroy; aujourd'hui, c'est Doumer, le jeune et remarquable leader qui a marqué son passage dans le ministère Bourgeois, qui vient donner à la démocratie d'Orange le témoignage éclatant de l'intérêt que l'on porte à l'issue de la lutte engagée.

Samedi soir, à 9 heures, dans le local du Cercle radical-socialiste, présidé par l'excellent citoyen Bandie, Naquet et Doumer ont développé avec une autorité particulière le programme des luttes futures.

Au Cercle Radical-Socialiste

M. Gleyze, avocat, après avoir excusé M. Lockroy, présente M. Doumer, représentant autorisé de l'idée républicaine telle que doivent l'entendre les vrais républicains et dont les efforts doivent tendre à la révision de la Constitution.

Discours de M. Doumer

M. Doumer prend ensuite la parole et, après des félicitations aux vaillants citoyens groupés autour de lui, il entre en matière et expose magistralement ce que doit être la véritable conception de l'idée républicaine — un gouvernement basé sur la volonté unanime des citoyens, sur une égalité parfaite. Cette égalité doit être dans les mœurs d'un peuple libre dont chaque citoyen détient une part du pouvoir, mais elle doit être aussi dans les lois. Quelques-unes de ces lois d'égalité ont été édictées, notamment les lois scolaires et les lois militaires. Mais, est-ce à dire que tout a été fait ? Nous ne l'avons pas pensé. Et ce fut, ajoute l'orateur, la règle de conduite de notre ministère. Nous avons voulu essayer de rompre le réseau des vieilles lois d'essence monarchique qui nous enserre encore si cruellement, l'organisation judiciaire, par exemple, et surtout l'organisation des impôts, des charges publiques.

Nous n'avons pas un système d'impôts. Nous en avons un chaos. Sous la Révolution, il n'y avait que des impôts directs. Maintenant les budgets sont établis de telle sorte que les impôts directs ne représentent plus que le septième de notre budget. C'est l'impôt progressif, mais à rebours; il n'est pas progressif sur la richesse, il l'est sur la pauvreté. Le citoyen Doumer entre, à ce sujet, en une causerie tout intime, dans les détails les plus complets qu'il sait rendre intéressants et qui, à plusieurs reprises, soulèvent les applaudissements de la salle. Il ajoute que c'est pour remédier à ces difficultés et à ces injustices de l'impôt actuel qu'ils avaient voulu établir un impôt réellement progressif, un impôt sur ceux qui possèdent, l'impôt sur le revenu.

On a si bien vu que l'impôt tel que nous l'avions conçu était entré dans les vues de la démocratie, que le ministère Méline a éprouvé le besoin de donner le change à l'opinion publique en présentant un fantôme d'impôt sur le revenu, qui n'a pas trompé personne.

L'orateur termine en établissant qu'ils ont suivi la véritable ligne démocratique et convie les citoyens présents à persévérer dans la voie des réformes et du progrès. (Applaudissements unanimes et prolongés.)

Discours de M. Naquet

Le citoyen Naquet prend ensuite la parole. Il rappelle qu'il doit en partie l'origine de sa fortune politique à l'arrondissement d'Orange. Puis il rend un éloquent hommage aux qualités d'énergie et de travail qui font de M. Doumer un des hommes les plus estimables, un des citoyens les plus méritants, un des représentants les plus autorisés de la nation et de la démocratie. Il examine ensuite l'œuvre et le programme du ministère Bourgeois qui avait su rallier autour de lui les bonnes volontés éparses de l'extrême gauche aux républicains indépendants. Il explique que l'avenir appartient à cette formule, parce que le pays est pour elle et que, quand dans quelques mois, il sera appelé à prendre la parole, il se prononcera si hautement qu'il n'y aura plus place pour l'équivoque. Le ministère Bourgeois a eu surtout ce mérite de permettre d'établir un programme minimum d'action.

Malheureusement, il y a un point noir : le Sénat. Il subira peut-être quelques modifications partielles, mais il n'en demeure pas moins un obstacle à l'unité nécessaire du pouvoir législatif. Il y a là une réforme qui s'impose; elle se fera par la force des choses.

Il termine en brillante improvisation en prédisant, dans une péroraison chaleureuse, le triomphe du suffrage universel.

Un magnifique bouquet est ensuite offert à M. Doumer, qui remercie, dans une charmante allocution, où il salue la jeunesse démocratique.

A l'issue de cette conférence, un punch est offert aux orateurs et aux diverses délégations du Cercle radical-socialiste de l'arrondissement venues pour prendre part à cette manifestation.

Des toasts ont été portés par les citoyens Ville, Lacour, auxquels répondent à nouveau MM. Doumer et Naquet. En somme, bonne soirée pour le parti radical socialiste de l'arrondissement d'Orange, et particulièrement heureuse pour le jeune Cercle radical-socialiste de cette ville, qui saura toujours être porte-drapeau du progrès et des réformes dans son pays.

A CARPENTRAS

M. Doumer, accompagné de M. Naquet, est arrivé ce matin, à 9 heures, d'Avignon. De nombreux citoyens et une délégation du Cercle [illegible] pagnaient à la gare la fraction progressiste du Conseil municipal.

Après une réception dans le salon des premières, gracieusement mis à la disposition du Comité par le chef de gare, le cortège se rend au local du Cercle Radical, où un vin d'honneur est offert à M. Doumer et aux invités. La municipalité s'est signalée par la plus maladroite des intolérances, en interdisant la sortie de la musique, sous menace de procès-verbaux individuels.

LA CONFÉRENCE

A 3 heures, a eu lieu au théâtre la conférence.

Après une présentation sommaire par M. Naquet, M. Doumer prend la parole, salué par une triple salve d'applaudissements. Il développe le programme radical que le Cabinet Bourgeois s'est efforcé de faire prévaloir en introduisant plus de justice dans l'établissement des lois fiscales et souligne ces projets de réforme : lois sur les droits successoraux et impôt progressif sur le revenu, dont il explique brillamment le mécanisme.

A plusieurs reprises, l'ancien ministre des finances a soulevé le plus vif enthousiasme par l'éloquent tableau de l'œuvre du relèvement de la France et par son effort pour reconquérir sa place de légitime influence dans le concert européen.

M. Doumer entre ensuite dans l'exposé des espérances du parti démocratique.

Nous reviendrons demain sur cette remarquable conférence, qui a démontré que le parti radical pouvait être, malgré les divulgations, un parti de progrès et un parti de gouvernement.

Le soir, à 6 heures, un grand banquet, réunissant 300 convives, a été offert à M. Doumer.

En résumé, très belle fête, pouvant avoir une profonde répercussion sur les sentiments de la démocratie carpentrassienne.

Lucien Manville.

Le petit Radical (d'Orange) du 22 8bre 1895 - (n° 17)

UN ENSEIGNEMENT

Les fêtes parisiennes sont terminées. L'Empereur de Russie a quitté le sol français enthousiasmé de l'accueil qui lui a été fait et qui s'adressait à la grande nation russe. Les liens de confraternité que Cronstadt et Toulon avaient scellés se sont encore accrus, consolidés, fortifiés, et il suffit de lire les journaux étrangers pour voir quelle importance le monde entier attache à cet événement. C'est la France définitivement sortie de la situation effacée que les désastres de 1870 lui avaient faite. C'est la France ayant reconquis sa place dans le monde. C'est la France enfin pouvant attester le front haut ses aspirations pacifiques, parce qu'elle n'a plus à subir la paix et qu'elle a la puissance de l'imposer.

Il semble, au premier abord,

que, tout à la joie patriotique que doit inspirer ce grand fait historique à quiconque a le cœur français, nous devrions oublier un instant nos querelles intestines, et ce serait le plus cher de nos désirs à nous, radicaux ; mais le pouvons-nous vraiment, lorsque depuis des années et des années la politique extérieure sert de thème contre nous à la polémique de nos adversaires monarchistes ou républicains?

Au début, c'étaient les monarchistes qui ne cessaient de nous dire : « Si la France est isolée en Europe, et faible par le fait de son isolement, c'est à la République que nous le devons. Les monarchies européennes nous boudent et comment ne bouderaient-elles pas à un régime républicain qui est la négation du leur? »

Les inoubliables fêtes de Cronstadt d'abord, puis de Toulon et de Paris, lors de la venue de l'amiral Avellan, avaient replongé cet argument dans l'encrier des polémistes qui en usaient et en abusaient jusque-là. Le Tsar Alexandre III avait écouté la *Marseillaise* debout et tête nue; il avait mis sa main dans celles des représentants de la France. Les monarchistes durent s'incliner et reconnaître que la forme républicaine n'était pas une cause d'exclusion. Le parti républicain dans son ensemble en triompha dignement. Il fit ressortir des événements l'enseignement qu'ils comportaient et ce fut tout.

Mais voici que, depuis lors, le parti opportuniste a repris pour son compte l'argumentation qu'il avait trouvée mauvaise dans la bouche et sous la plume des monarchistes.

« Si le Tsar a reçu notre flotte à Cronstadt, disaient-ils ; s'il a envoyé l'amiral Avellan à Toulon et à Paris ; si lui-même consent à venir dans notre capitale, c'est qu'en 1891, comme en 1893, comme aujourd'hui, le pays s'est trouvé représenté par un Cabinet modéré. M. Bourgeois a été heureusement renversé. Si lui et ses amis eussent été au pouvoir, jamais l'Empereur de Russie n'aurait passé la frontière. »

Eh bien ! les opportunistes ont dû rabattre de cette affirmation, comme les royalistes avaient dû rabattre de la leur en 1891 et en 1893.

Le Tsar, en venant en France, a tenu à bien établir qu'il venait visiter la nation française tout entière. Des personnes bien informées lui prêtent ces paroles : « Je ne veux pas être le prisonnier d'une coterie. »

Que ces paroles aient été ou non prononcées, il est certain que les faits y répondent.

Singeant les monarchies, on avait fait tout ce qui était humainement possible pour écarter le Parlement des fêtes officielles ; le Tsar, en allant déposer sa carte chez M. Brisson et chez M. Loubet, a montré qu'il connaît notre Constitution et qu'il tient à la respecter, qu'il sait quel rôle prépondérant y jouent les Chambres et qu'il entend montrer au pays entier la déférence qui leur est due. En cela, il a fait preuve, lui autocrate, d'un tact plus républicain que les prétendus républicains qui nous gouvernent.

Il ne s'en est pas tenu là. A l'Elysée il a été présenté aux anciens ministres et il s'est entretenu avec les radicaux comme avec les modérés et les conservateurs. Il a causé avec M. Buffet ; mais il a eu également une conversation des plus aimables avec M. Bourgeois, M. Doumer, M. Lockroy, établissant ainsi qu'il n'a pas plus le mauvais goût de se mêler de nos affaires intérieures que nous n'aurions celui de nous mêler de la politique intérieure de la Russie. Enfin c'est à la France entière que son dernier télégramme est adressé. Ce n'est pas avec un parti qu'il stipule, c'est avec la France et peu lui importe quel est l'homme qui est chargé de parler en son nom.

Je ne connais rien de plus misérable que ces querelles, où abaissant la dignité nationale, on essaye de se servir de l'étranger pour départager les partis. Mais puisqu'il s'est trouvé des hommes assez peu soucieux de la grandeur, de la fierté nationales, pour faire cette politique-là, il était bon de montrer que, dans leur attitude, ils manquaient au respect de la vérité et, dans un sinistre intérèt de coterie, compromettaient l'honneur du pays ; c'est fait, nous n'y reviendrons plus.

Alfred NAQUET.

Le Gil Blas d. 1er 9bre 1893 — 18ième année — n° 6194 —

Pour le bonheur des divorcés

CHEZ M. NAQUET

On n'a point oublié l'incident de l'agence Tard, et l'aventure de cette malheureuse femme qui courut pendant des semaines les hommes d'affaires de Paris, afin de trouver un figurant de l'adultère, qui voulût bien lui faciliter la petite formalité du constat. Cette pauvre créature voulait, après le divorce, épouser son amant — c'était après tout une fantaisie très excusable — si excusable même qu'on s'est aperçu alors que la loi sur le divorce n'était pas parfaite, et que des députés ont promis de déposer des projets de loi à l'ouverture de la session. C'est pour cela qu'hier matin j'ai été voir M. Alfred Naquet, le père du divorce.

— J'estime, m'a répondu l'honorable député, que d'importantes modifications sont nécessaires dans la loi sur le divorce; mais ce n'est pas moi qui vais les proposer, je laisse cette initiative à plusieurs de mes collègues. J'ai obtenu jadis la loi elle-même, c'était une grosse victoire, et je m'en tiens là. Mon collègue Jullien et quelques autres ont étudié de très près tout ce qui touche le divorce, et ils feront d'excellente besogne ; je me contenterai sans doute d'intervenir dans la discussion.

» Ce qui est certain, c'est que la loi sur le divorce, comme toutes les lois qui n'ont été votées qu'après de longues résistances, et ont nécessité des transactions, est boiteuse, et qu'il est indispensable qu'on la modifie : les lois obtenues avec des transactions ont toutes, hélas ! ce caractère.

» Il y a trois modifications indispensables à apporter à la loi du divorce.

» D'abord il faut rétablir le consentement mutuel. A l'heure actuelle, la plupart des divorces ne se font pas autrement. On tourne la loi, voilà tout. Ce n'est pas la morale publique qui y trouve son compte.

» Ensuite, il faut modifier l'article 310. Vous savez que la Chambre, quand elle a voté le divorce, avait déclaré qu'au bout de trois années, sur la demande d'une des parties, la séparation devrait être convertie en divorce. Le Sénat a laissé cette conversion facultative aux tribunaux. De telle sorte qu'il y a aujourd'hui deux jurisprudences. Les cours cléricales refusent invariablement de convertir en divorces les séparations de corps. Les cours libérales convertissent en divorce toutes les séparations de corps. Il y a là un gâchis légal qui est dangereux. J'ai essayé en 1886 de faire revenir le Sénat sur cette erreur, j'ai été battu à trente voix de majorité. Jullien depuis a fait voter à la Chambre une proposition nouvelle; mais depuis, la loi dort dans les cartons du Sénat. Il faut l'en faire sortir.

» Enfin il faut revenir sur l'interdiction à l'époux contre lequel a été constaté l'adultère, d'épouser son ou sa complice. Il n'y a pas de formule légale plus contraire à la morale. C'est en quelque sorte forcer la femme divorcée à une véritable prostitution. Comment ! c'est au nom de la morale que vous dites à une femme : « Tu as un amant, celui-là tu ne peux l'épouser. Épouses en un autre ! » C'est simplement monstrueux, et il n'est pas mauvais que l'affaire Tard ait appelé sur ce point particulier l'attention des législateurs.

» N'est-ce pas forcer en effet les gens qui ne veulent point tomber dans la prostitution que je vous indique, à tourner la loi, même par des moyens malhonnêtes?

Du reste, il y a à ce point de vue un parallèle saisissant à faire. En Angleterre, tout au contraire, une sorte de préjugé mondain oblige en quelque sorte l'adultère à épouser son ou sa complice. Il y a même de cela un exemple très curieux et très typique. Quand sir Charles Dilke eut le fameux procès que l'on sait, une très honorable dame lui télégraphia du fond de l'Inde qu'elle l'autorisait à déclarer que c'était avec elle que l'adultère avait été constaté. Sir Charles Dilke l'a épousée.

» Cette comparaison suffit à démontrer l'immoralité ridicule de la loi actuelle. Les adversaires du divorce disent, je le sais : « Alors, vous ne voulez pas protéger le mariage, vous voulez enlever toute pénalité à l'adultère. » C'est absurde, puisque légalement l'adultère peut toujours être puni et même frappé de deux ans de prison. J'espère qu'il suffira d'un peu de bon sens à mes collègues pour voter cette réforme indispensable.

Il est probable, d'ailleurs, que c'est le gouvernement qui prendra l'initiative du débat nécessaire sur le divorce. Il est, en effet, un quatrième point qui demande une réforme, et je sais que le gouvernement l'a compris. Il faut régler la question de la puissance paternelle dans le divorce. Il est inadmissible que l'époux auquel on a enlevé la garde des enfants conserve cependant sur eux la puissance que la loi donne aux parents. Je compte beaucoup sur cette initiative du gouvernement pour rouvrir la discussion sur le divorce. »

Avec beaucoup de modestie, M. Naquet me parle ensuite des résultats de cette loi, si utile, quoique incomplète, dont il a été pendant tant d'années l'apôtre fervent, et qu'il n'a fini par obtenir qu'à force d'énergie. « Je crois, me dit-il en souriant, que maintenant l'expérience est faite. On ne pourra plus revenir sur la loi du divorce. »

Un détail intéressant, après beaucoup de fluctuations, le nombre des divorces a maintenant la moyenne de 7,000 par année. « Le grand mal moderne, me dit M. Naquet, c'est l'alcoolisme, c'est lui Lélas! qui étiole les générations nouvelles, et c'est lui qui augmente dans des proportions très grandes, le nombre des divorces. »

C'est sans doute pour cela, qu'Alfred Naquet étudie en ce moment avec passion les projets de M. Alglave, et la question du monopole de l'alcool. Il n'a pas encore une opinion absolument faite sur le monopole, mais il considère qu'il y a un intérêt de salut public, à empêcher plus longtemps la circulation des poisons dangereux qu'on vend sous l'étiquette d'alcool.

GANTEAIRE

Le morning Post de Londres du 2 9ͤᵇʳᵉ 1896 – n° 39,816 – page 5.

interview de divers hommes politiques sur la question d'Égypte.

M. ALFRED NAQUET,
Ex-Senator and Député of Vaucluse.

I am very sorry not to be able to send you the consultation you ask on the Egyptian Question. I think that England has taken the formal engagement towards Europe to abandon Egypt, and that no consideration short of a general consensus can dispense a man or a nation from fulfilling engagements which have been contracted.

But this question, like all international questions, requires thorough consideration. It cannot be considered in an off-hand manner. It would be necessary to discuss in all their bearings the arguments of the opponents and those of the partisans of the occupation, and this is a work which I have not the leisure to undertake at this moment.

Le journal officiel du 17 9ͤᵇʳᵉ 1896 – 28ᵉ année n° 313
séance de la chambre des députés du 16 9ᵇʳᵉ 1896

I

proposition de mandat impératif par Cornudet

A

M. Alfred Naquet. Je demande la parole.

. . . . / . . . .

B

M. le président. La parole est à M. Naquet sur l'urgence.

M. Alfred Naquet. Messieurs, tout en rendant hommage aux idées qui ont inspiré la proposition de l'honorable M. Cornudet, il m'est absolument impossible de m'y rallier et, sans entrer dans le fond même du débat, en deux mots, je vous en ferai connaitre la raison. C'est que, surtout en ce qui concerne les élections qui se font directement au suffrage universel, c'est la suppression de la garantie du secret du vote. (*Très bien ! très bien !*)

M. Emile Cornudet. Pourquoi ?

M. Alfred Naquet. Pourquoi ? La raison en est bien simple. Nous avons établi le secret du vote afin de donner aux électeurs employés une indépendance complète contre la pression que pourraient exercer sur eux ceux qui les emploient.

J'ai, je suppose, un domestique ; ce domestique a voté librement pour un député au scrutin secret ; si le lendemain, moi qui l'emploie et qui puis le priver de son gagne-pain, je veux l'obliger à signer un papier par lequel il déclare révoquer ce député, nous retombons absolument dans le même inconvénient auquel aurait donné lieu la première élection, si elle avait eu lieu au scrutin public. (*Très bien ! très bien !*)

M. le président. Monsieur Naquet, c'est un peu le fond que vous traitez.

M. Alfred Naquet. J'ai fini, monsieur le président. Je me borne à indiquer d'un mot que la proposition de M. Cornudet, dans les termes où la présente notre collègue, aggrave encore le danger que je signale. S'il avait permis à la personne révoquée de se représenter devant ses électeurs et de se soumettre à leur jugement, le scrutin secret aurait, dans une certaine mesure, sauvegardé l'indépendance de l'électeur ; mais dès l'instant où il le rend inéligible, sa proposition présente exactement les mêmes inconvénients que la substitution du scrutin public au scrutin secret.

Voilà pourquoi je ne puis me rallier ni à la proposition de M. Cornudet ni à l'urgence qu'il réclame. (*Très bien ! très bien !*)

II

M. le président. La parole est à M. Naquet.

M. Alfred Naquet. Messieurs, jusqu'à présent le projet de loi n'a été soutenu et n'a été combattu que par des partisans du système de la dualité du pouvoir législatif. Je monte à la tribune pour le soutenir en mon nom et au nom de ceux qui, partageant mon sentiment, sont résolument partisans du système de l'unité de pouvoir législatif. Je le fais, parce qu'il y a, en effet, au premier abord une certaine contradiction apparente, sur laquelle je tiens à m'expliquer, entre le fait d'être partisan de la suppression du Sénat, de l'unité du pouvoir législatif et, en même temps, de voter une loi qui, si elle produit toutes les conséquences que ses auteurs en attendent, doit avoir pour résultat de fortifier, de consolider le Sénat et, par cela même, d'éloigner, dans une certaine mesure, la réalisation de l'idéal que se proposent les adversaires de cette institution.

Mais, messieurs, vous me permettrez de vous dire à cet égard que, quelque opinion que l'on ait sur la dualité ou sur l'unité du pouvoir législatif, on n'a pas le droit de se placer sur un terrain tellement intransigeant qu'on en arrive à repousser tous les progrès et toutes les réformes qui vous sont présentés, uniquement parce que ces progrès et ces réformes ne s'accompliraient pas dans le cadre et suivant les formes que l'on aurait préférés soi-même.

D'ailleurs, en agissant ainsi que je le fais, en mettant de côté mes idées doctrinales pour accepter un progrès immédiatement possible, je ne fais que ce qu'ont fait avant moi tous les partis, même les plus accentués, même les plus intransigeants de cette Chambre. Je ne puis pas ne point me souvenir qu'il y a huit mois environ, à cette même tribune, lorsqu'on discutait la question de l'impôt sur le revenu proposé par le cabinet Bourgeois, M. Jaurès l'a défendu dans des termes que je n'aurai pas assez d'éloquence pour reproduire textuellement. — mais je reproduirai sa pensée. M. Jaurès vous disait : Je viens défendre l'impôt sur le revenu ; ce n'est point cependant une réforme collectiviste, c'est une réforme d'ordre capitaliste. — Mais il ajoutait aussitôt que le parti collectiviste, quelles que fussent ses espérances pour plus tard, ne pouvant pas du jour au lendemain créer de toutes pièces la société nouvelle qu'il cherche par tous ses efforts à édifier, était bien obligé de ne pas se désintéresser des souffrances actuelles et d'accepter le palliatif qui lui était offert. — C'était bien votre pensée, n'est-ce pas, mon cher collègue ?

M. Jaurès. Très bien! Vous avez exactement traduit ma pensée.

M. Alfred Naquet. Je vous remercie de le reconnaître.

Quelques mois plus tard, M. Jules Guesde faisait entendre des paroles absolument semblables — et avec autant de raison — lorsqu'il défendait à la tribune la limitation légale des heures de travail.

Eh bien ! en matière constitutionnelle je fais ce que font les collectivistes en matière sociale, et j'ajoute que j'ai beaucoup moins de mérite qu'eux, parce que la Constitution n'est pas un principe absolu : c'est un outil politique.

Si, dans une forme différente de celle que j'ai rêvée et que je préfère, on m'apporte un organisme dont le fonctionnement permette de réaliser les réformes et les progrès sociaux qui sont le véritable but que nous poursuivons, j'aurais mauvaise grâce à refuser cet outil qui me donnerait un bon résultat, sous le prétexte que je ne voudrais obtenir ce résultat que par l'outil qui aurait toutes mes prédilections. (*Très bien ! à gauche.*)

J'ai donc encore plus de raisons, si c'est possible, que n'en avaient M. Jaurès et M. Jules Guesde, pour me placer sur le terrain de ceux qui m'apportent une réforme immédiate, ou du moins un palliatif immédiat, et pour ne pas le repousser en raison de mes préférences doctrinales.

J'ajoute que, peut-être, quand M. Jaurès et M. Jules Guesde étaient à cette tribune, ils avaient une pensée de derrière la tête, comme moi-même — je veux ici en faire la confession sincère — j'en ai une en ce moment.

Assurément, lorsque M. Jaurès acceptait l'impôt sur le revenu, il le votait comme un palliatif ; mais, au fond de sa pensée, il croyait, et il le croit encore, — l'adhésion de M. Jules Guesde me le démontre, — que les réformes auxquelles, nous qui appartenons au parti radical, nous attachons une importance considérable, que nous considérons comme étant de nature à faire reculer le collectivisme en faisant triompher son but autrement que par les moyens qu'il emploie lui-même...

M. Jules Guesde. Combattez-nous avec ces armes, nous ne demandons pas mieux !

M. Alfred Naquet. Il croyait que ces réformes n'auraient pas de résultat, qu'elles seraient impuissantes à modifier la société et qu'alors, loin de faire reculer le collectivisme, elles le feraient avancer, en montrant aux populations l'inanité de ce qu'on se serait efforcé de mettre à la place. (*Très bien! très bien! à l'extrême gauche.*)

Nous, radicaux, nous pensions le contraire, et c'est parce que nous croyions atteindre le même but par des voies différentes que nous pouvions nous coaliser, nous allier avec les collectivistes sans que nous fussions, comme on le prétendait, les prisonniers les uns des autres.

Eh bien! en matière constitutionnelle, j'ai une pensée de derrière la tête du même ordre.

Je crois très sincèrement que tout ce qu'on fera en fait de dualisme législatif sera également mauvais; je suis convaincu que, quand nous aurons voté la loi actuelle, la seconde Chambre sera tout de même animée d'un esprit différent de celui qui anime cette Chambre-ci, et qu'il y aura toujours des obstacles au progrès et aux réformes comme ceux que nous avons vus se produire depuis vingt ans.

Eh! mon Dieu, M. Thiers disait un jour, et avec beaucoup de raison, que quand bien même on ferait nommer deux Chambres par le même corps électoral, exactement dans la même circonscription, le même jour, pour le même temps, l'esprit de corps suffirait pour en faire deux Assemblées distinctes. Et c'est ce qu'il exprimait d'une manière pittoresque par ces mots : « Faites nommer une Chambre, mettez un paravent au milieu pour la séparer en deux moitiés, et vous aurez deux Chambres distinctes. » (*Mouvements divers.*)

Ce n'est pas moi qui dis cela, messieurs ; c'est M. Thiers.

Je crois donc que le procédé ne donnera pas de résultat. Mais alors je me trouve en face d'un dilemme qui met ma conscience bien à l'aise: S'il aboutit, tant mieux! Je ne suis pas un sectaire, je ne suis pas un doctrinaire, et le jour où vous m'aurez donné, avec deux Chambres, une institution qui garantira la liberté du suffrage universel, les réformes, le progrès, je l'accepterai de grand cœur et je renoncerai à mon idéal.

Mais si, au contraire, — comme je le crains plutôt que je ne l'espère, — car je ne mets pas la satisfaction de mon idéal personnel au-dessus des intérêts du pays, — les faits viennent à démontrer que ces moyens termes ne servent absolument à rien et ne conduisent à rien, ici encore, comme je le disais tout à l'heure à propos des collectivistes, ici encore l'inanité même du résultat obtenu avec la réforme proposée pour modifier l'organisation du Sénat démontrera qu'il n'y a qu'une seule solution possible : la solution de l'unité de Chambre, et nous nous trouverons ainsi avoir rapproché la solution à laquelle nous sommes attachés, au lieu de l'avoir éloignée.

Donc j'ai ma conscience bien en repos, et je puis me placer très résolument sur le terrain actuel pour faire la critique de la loi à laquelle la commission propose de substituer son projet et pour examiner celle qu'on propose de mettre à la place.

Lorsqu'en 1875 l'Assemblée nationale a organisé la République, elle a voulu faire un Sénat. Pourquoi cela? Pourquoi n'a-t-elle pas voulu de l'unité du pouvoir législatif? Pourquoi a-t-elle voulu deux Chambres? Qu'en espérait-elle? Evidemment, elle en espérait plus de maturité dans la délibération et le vote des lois, et, au point de vue politique — ici je ne veux pas parler des intentions cachées, elle en avait peut-être, — elle se proposait peut-être de se perpétuer dans le Sénat, de s'y installer, comme on le disait tout à l'heure, ainsi que dans une forteresse ; — mais enfin nous n'avons pas à scruter la pensée de chacun et, comme pensée avouée, elle ne pouvait en avoir qu'une : elle voulait obtenir plus de maturité dans la délibération des lois ; au point de vue politique, elle n'avait pas pour but de combattre, de contrecarrer l'exercice de la volonté nationale, — car si quelqu'un le désirait, personne n'aurait osé l'avouer ; — elle voulait essayer de garantir cette souveraineté nationale elle-même contre les abus de pouvoir que peuvent commettre ses mandataires et contre ses propres entraînements.

C'était là le seul objet que pût se proposer l'Assemblée nationale, et que puissent encore, à l'heure actuelle, se proposer les républicains qui demeurent partisans du dualisme législatif.

En effet, en France, il n'existe pas, comme dans les autres pays où l'on a institué deux Chambres, des principes différents et antagonistes auxquels il importe de donner une représentation propre.

En Angleterre, je le disais il n'y a pas longtemps dans la discussion sur la question de la revision, il y a une aristocratie puissante qui cède le terrain pied à pied devant la démocratie qui monte et l'envahit, mais ne le cède qu'en se retirant en bon ordre, qui n'abandonne ses positions que quand elles ne peuvent plus être défendues, qui exerce encore une autorité considérable dans le pays, autorité qui, d'ailleurs, va diminuant de jour en jour, ce qui affaiblit la Chambre des lords, mais qui était extrêmement forte il y a encore trente ou quarante ans.

Il y a donc là deux intérêts distincts : l'intérêt de l'aristocratie qui peut se dresser en face des communes, parce qu'il y a en présence deux principes — le principe de la souveraineté nationale et le principe des privilèges aristocratiques — qui sont également acceptés dans le pays tout entier.

En Amérique, en Suisse, c'est bien autre chose encore, car là la puissance des principes antagonistes ne recule pas comme en Angleterre. Ce ne sont pas des républiques unitaires comme la nôtre; ce sont des fédérations, des unions de petites républiques autonomes ayant conservé une grande partie de leur indépendance primordiale, toute celle que l'union leur a laissée. Et comme elles sont profondément jalouses de cette autonomie qu'elles ont au sein de la fédération, il importe de la garantir contre l'empiètement que les grands Etats, les grands cantons, auraient pu se permettre sur les petits.

Il est clair, par exemple, qu'un Etat comme l'Etat-Empire, l'Etat de New-York, flanqué de trois autres Etats très peuplés, s'il ne s'était agi aux Etats-Unis que de la majorité dans tout l'ensemble du territoire de l'Union, auraient pu faire la loi à de petits Etats comme le Dakota ou le Kansas? Et de même si l'on n'avait eu qu'une seule Chambre élue par les Etats nommant chacun un même nombre de délégués à cette Chambre, les petits Etats auraient pu faire la loi aux grands. Il était dès lors indispensable d'avoir deux Chambres : l'une élue dans chaque Etat proportionnellement à sa population et constituant une garantie d'indépendance pour les grands Etats contre les petits; l'autre pour l'élection de laquelle chaque Etat, petit ou grand, nommerait un même nombre de sénateurs en Amérique, un même nombre de conseillers des Etats en Suisse, et qui garantirait l'indépendance des petits Etats contre les grands.

Il y a là deux principes complets, absolus, auxquels la nation était également dévouée, également soumise. Il est convenu en Amérique et dans la république helvétique qu'une mesure ne peut devenir loi fédérale qu'à deux conditions : il faut qu'elle soit voulue d'une part par la majorité de la population considérée sur tout l'ensemble de la confédération, et d'autre part par la majorité des hautes parties contractantes dont la fédération se compose, c'est-à-dire par les divers Etats ou cantons. Vous avez là deux principes bien nets, également voulus, également consentis : votre haute Assemblée a dès lors une base sé-

rieuse, elle repose sur un principe, et celui-ci lui donne l'autorité suffisante pour remplir, en dehors du rôle primordial que lui confère la Constitution fédérale, le rôle pondérateur qui, en France, est la seule raison d'être du Sénat. Elle a cette autorité nécessaire parce qu'elle est basée sur un principe et qu'on ne puise son autorité que dans un principe.

En France, messieurs, la situation est tout autre. Nous n'avons pas d'intérêts antagonistes; la souveraineté nationale est une, et si elle a le droit de prendre certaines précautions pour se garantir et contre les éventualités de la dictacture d'un homme, et contre les éventualités de la dictature d'une assemblée, et contre ses propres entraînements, il est incontestable qu'elle reste néanmoins une et qu'elle ne peut, en aucun cas, se contredire elle-même.

Donc le grand malheur du Sénat actuel, c'est que si on voulait en faire ce qui a été dans la pensée première de ses auteurs, le frein de la machine politique, le volant qui est indispensable dans toute machine et qui régularise le mouvement, il fallait lui donner une autorité. Or, cette autorité, il ne l'a pas, parce qu'il ne repose sur aucun principe.

Ah ! je sais bien que Gambetta, à un moment donné, — et M. Charles Ferry le rappelait tout à l'heure, — a déclaré, cherchant ainsi à lui donner cette force qui lui fait défaut, que le Sénat était le « grand conseil des communes de France ». Et depuis 1875, les républicains qui, à cette époque, avaient voté en faveur de l'élection des sénateurs par le suffrage universel, qui ne s'étaient ralliés au mode électoral primitif que pour ne p faire avorter la Constitution elle-même, les républicains qui n'en voulaient pas à cette époque, parce qu'ils craignaient de trouver dans le Sénat une force pour les partis monarchiques, s'y sont ralliés depuis, parce que, ainsi que le rappelait M. Charles Ferry, le Sénat est devenu républicain; mais il est à craindre qu'il ne faille aussi longtemps et plus longtemps pour le pénétrer de l'esprit démocratique qu'il n'en a fallu pour le pénétrer de l'esprit républicain.

Et comme l'esprit démocratique constitue un ensemble de réformes, d'idées successives, d'étapes à parcourir, à chaque étape il y aura toujours désaccord entre cette Chambre, directement issue du suffrage universel, et l'autre Chambre, issue du suffrage particulier que vous connaissez.

Quoi qu'il en soit, je le répète, on a voulu trouver un principe, et, en s'attachant au mot de Gambetta, — mot que M. Trouillot a fort bien analysé lorsqu'il a dit dans son rapport que Gambetta n'avait eu pour but, en le prononçant, que de rassurer le parti républicain, effrayé des longs délais qu'il faudrait pour pénétrer de l'esprit républicain une Chambre dans laquelle toutes les réactions, les oppositions monarchiques s'étaient fortifiées comme dans une citadelle; — on a cherché, dis-je, à trouver dans ce mot de Gambetta le principe sur lequel on voudrait appuyer l'institution sénatoriale.

On a essayé de comparer nos communes aux Etats américains et aux cantons suisses afin de pouvoir dire : Nous sommes dans la même situation; le Sénat américain est la représentation des Etats américains et le Conseil des Etats suisses la représentation des cantons helvétiques; eh bien! le Sénat français est la représentation des communes de France.

Je le regrette, mais il n'y a là aucune espèce d'analogie. D'abord, nos communes, toujours mineures, toujours en tutelle, ne représentent pas, comme les Etats américains ou les cantons suisses, de petites républiques autonomes. Elle n'ont pas d'intérêts différents des intérêts généraux de la nation. Les mêmes questions se débattent dans les villes aussi bien que dans les campagnes, à moins que vous n'ayez l'intention, contre laquelle je protesterais du fond de mon cœur, car elle serait détestable, d'opposer les intérêts agricoles aux intérêts ouvriers, industriels et commerciaux. (*Très bien! très bien!*)

Donc, de ce fait, pas d'assimilation entre les communes françaises et les cantons suisses ou les Etats américains. Il y a une autre différence. Admettons même que les communes eussent une indépendance qu'il importât de garantir, comme on a voulu garantir celle des Etats américains ou des cantons suisses. Est-ce que, par hasard, la Constitution helvétique ou celle des Etats-Unis aurait donné aux cantons ou aux Etats un droit électoral égal dans le choix des représentants de la nation? Nullement; elle leur a donné une représentation égale dans une assemblée spéciale dont Gambetta disait, à une époque où il ne faisait pas, au même degré que dans les paroles lues par M. Charles Ferry, l'éloge du Sénat: « Le Sénat des Etats-Unis n'est pas une assemblée législative; c'est à proprement parler un congrès d'ambassadeurs ». Vous voyez la différence.

Je vous exposais tout à l'heure ce mécanisme très délicat, très fin, en vertu duquel,

en Amérique, les petits Etats sont garantis contre les grands par l'envoi au Sénat d'un nombre de sénateurs égal à celui désigné par ces grands Etats. Mais vos communes, que leur avez-vous donné même par la loi de 1875, la première loi constitutive du Sénat? Vous ne leur avez pas donné une représentation égale, mais simplement un droit électoral égal.

La loi de 1875 donnait un délégué à chaque commune ; mais il n'échappera à personne que tous les sénateurs étaient élus à la fois par de petites et par de grandes communes; et M. Charles Ferry, qui a été sénateur comme moi, m'appuiera sans doute quand je dirai que lorsque nous avions l'honneur de siéger sur les bancs du Luxembourg nous ne nous déterminions jamais, comme le font les conseillers des Etats suisses ou les sénateurs américains, en tenant compte des intérêts de petits groupements, de petites communes opposées aux grandes communes; nous ne nous décidions que par des considérations d'intérêt général.

M. Charles Ferry. Par des considérations politiques.

M. Alfred Naquet. Donc, rien de commun. Vous n'avez pas organisé la représentation des communes avec les garanties que les Etats-Unis donnent à leurs différents Etats. Vous ne le pouviez pas sans faire nommer un sénateur par commune, ce qui aurait constitué une Assemblée de 36,000 membres, ce qui était absurde.

Peut-être aurait-on pu, si l'on avait tenu absolument à donner ces garanties, soumettre les lois à une sorte de referendum des conseils municipaux; mais la question ne s'est pas posée, car il n'a jamais été dans l'idée des législateurs d'opposer les communes les unes aux autres.

Le principe est donc faux et il n'en faut plus parler. Toutefois, je suis obligé de reconnaître qu'au moins avec la loi de 1875 il y avait une apparence, une apparence seulement; mais enfin l'apparence y était. Chaque commune avait le même nombre de délégués -- un — et on pouvait dire, comme le disait Gambetta dans le passage que citait tout à l'heure mon contradicteur, M. Charles Ferry, que l'individualité électorale n'était plus l'homme, n'était plus l'électeur, mais était le corps communal.

Mais aujourd'hui, vous avez porté le dernier coup à ce principe par la loi de 1884 que le frère de notre collègue, Jules Ferry, a fait voter tout en reconnaissant que c'était une « revision décapitée ».

Qu'avez vous fait par la loi de 1884? Vous avez donné aux grandes communes un nombre de délégués plus considérable qu'aux petites; donc vous avez fait un sacrifice à la suprématie du nombre, et comme en même temps que vous faisiez ce sacrifice à la suprématie du nombre, reconnaissant implicitement par là même que le système antérieur était mauvais et ne répondait pas à l'idée que nous nous faisons du droit, comme en même temps vous n'êtes pas allés jusqu'au bout et que vous en êtes arrivés, suivant le calcul qu'on vous lisait tout à l'heure et qui a été fait par M. le rapporteur, à donner à l'électeur d'une ville comme Paris une action mille fois moins grande et, à l'électeur d'une ville comme Marseille, une action deux cent quatre-vingt-six fois moins grande que celle donnée à l'électeur d'une commune de dix ou de quinze électeurs, il est évident que vous vous êtes placés entre deux principes contradictoires, que vous n'avez accepté ni l'un ni l'autre et qu'à l'heure actuelle votre Sénat ne repose plus sur rien, absolument sur rien.

Ah! je sais bien que M. Charles Ferry a essayé de répondre en disant qu'ici non plus nous n'avions pas une représentation absolument mathématique. Mon Dieu! je le reconnais, et c'est pour cela que j'aimerais beaucoup mieux le scrutin de liste que le scrutin d'arrondissement, parce qu'il institue une représentation plus rapprochée de la représentation mathématique. Mais M. Charles Ferry, qui a étudié le droit, connaît le vieil adage: *Summum jus, summa injuria*; il est incontestable qu'on ne peut pas pousser, d'une manière absolue, jusqu'à la rigueur mathématique, mais on peut s'en rapprocher plus ou moins; et vraiment on s'en rapproche trop peu dans le mode actuel d'élection du Sénat, où un électeur parisien pèse mille fois moins qu'un électeur de petite commune. La suprématie du nombre n'est donc pas respectée, et, comme vous lui avez cependant rendu hommage en augmentant le nombre des délégués sénatoriaux dans les grandes communes, il est certain que vous avez abandonné votre ancien principe sans vous rallier absolument au principe nouveau, et qu'à l'heure actuelle le Sénat ne repose plus sur rien.

Voilà de graves objections qu'on peut élever contre la loi actuelle. Il y en a d'autres, dont une a été mise excellemment en lumière tout à l'heure par M. Gauthier (de Clagny) et que moi-même j'avais mise en lumière au Sénat en 1884, en proposant un amendement pour faire élire cette Assemblée par le suffrage universel: c'est la confusion du mandat de conseiller municipal et du mandat électoral sénatorial.

M. Gauthier (de Clagny) en a parlé en d'assez excellents termes pour que je n'y revienne pas. Il est certain que par la confusion de ces mandats vous avez placé les électeurs municipaux dans ce dilemme: ou de sacrifier souvent leurs intérêts municipaux, c'est-à-dire la bonne gestion des affaires municipales, pour s'assurer des délégués sénatoriaux conformes à leurs opinions; ou, au contraire, de sacrifier les intérêts généraux à la bonne gestion des affaires municipales en nommant, pour gérer celles-ci, des hommes qui ne représentent pas leurs opinions au point de vue politique.

Il y a là un danger absolu que la loi actuelle aurait au moins l'avantage de faire cesser, et, n'eût-elle que cet avantage-là, se bornât-elle à supprimer cette cause d'incohérence qui résulte de la confusion du mandat municipal et du mandat électoral sénatorial, je crois qu'elle aurait déjà apporté un bien considérable au pays, et cela me suffirait pour la voter. (*Très bien! très bien! sur divers bancs à gauche.*)

Permettez-moi, messieurs, d'ajouter encore un autre argument.

M. Gauthier (de Clagny) vous a parlé des conseillers municipaux dont les élections ont été contestées et invalidées par les conseils de préfecture, et qui auraient le droit de voter.

Cela est très grave; mais, enfin, le nombre en est petit. Par contre, il y a un fait qui domine: des élections municipales ont eu lieu au mois de mai dernier. Dans certains départements, parmi lesquels se trouve le mien, ces conseillers municipaux n'éliront des sénateurs qu'au mois de janvier 1900; il se sera donc écoulé quatre ans entre l'élection de ces conseils municipaux et l'élection sénatoriale à laquelle ils participeront.

Quatre ans! la durée d'une législature entière de cette Assemblée-ci. De telle façon que vous, qui pensez que votre mandat est loin d'être de trop courte durée, vous qui croyez qu'il est bon que tous les quatre ans nous reparaissions devant le suffrage universel, parce qu'il n'est pas prouvé qu'après quatre ans d'intervalle nous représentions encore d'une manière exacte les aspirations du pays, vous faites élire, dans certains départements, au hasard du tirage au sort, du numéro d'ordre, les sénateurs par des conseils municipaux qui, je le répète, ont été élus quatre ans auparavant.

Pouvez-vous dire franchement que, dans des conditions pareilles, avec des électeurs qui ne sont pas nommés *ad hoc*, qui cumulent un mandat électoral sénatorial et un mandat municipal et qui sont nommés quatre ans avant pour fonctionner quatre ans après, pouvez-vous dire que vous avez une représentation quelconque de la population ?

Non. Vous n'avez que la représentation d'une oligarchie passagère, transitoire, d'une oligarchie de hasard, la pire, la plus détestable de toutes les oligarchies. (*Très bien! très bien! sur divers bancs.*)

On objecte quelquefois que si la Chambre et le Sénat procédaient d'élections aussi semblables, il n'y aurait pas assez de divergences entre les deux Assemblées. Je vous disais tout à l'heure qu'à mon sens c'était une erreur et je vous citais le mot de M. Thiers, disant : « Mettez un paravent au milieu d'une Chambre et vous aurez deux Chambres qui auront un esprit de corps différent. »

Mais je ne me borne pas à citer M. Thiers ; il y a un exemple frappant dans notre histoire. Sous la Constitution de l'an III, le conseil des Anciens et le conseil des Cinq-Cents étaient nommés par le même corps électoral pour le même laps de temps, par les mêmes circonscriptions, et l'esprit était tellement différent entre les deux que l'un a fait le 18 Brumaire contre l'autre. (*Très bien! très bien!*)

Ainsi ne craignez pas que, même nommé par le suffrage universel à deux degrés ou, si cette opinion avait prévalu, par le suffrage universel direct, le Sénat ne se différencie pas assez de vous. Par le seul fait qu'il existera deux assemblées distinctes, le Sénat se différenciera encore beaucoup trop de nous. Voilà même pourquoi je crains qu'on n'obtienne absolument rien jusqu'au jour où on aura réalisé l'unité complète du pouvoir législatif avec toutes les garanties d'ailleurs qu'elle comporte dans la Constitution contre l'omnipotence d'une assemblée unique.

Maintenant, et c'est là le dernier point que je veux traiter, on nous dit que la loi ne peut pas aboutir et qu'en la discutant — c'est ce qu'on a objecté l'autre jour — nous faisons perdre inutilement le temps de la Chambre, qui s'occuperait d'une manière plus utile à la discussion du budget.

M. le président du conseil ne m'en voudra pas de réfuter l'argument tiré du temps dont dispose la Chambre, en rappelant que ce n'est pas de notre faute si au lieu de nous convoquer dans les derniers jours de septembre ou les premiers jours d'octobre on nous a laissés pendant un mois de trop hors de cette enceinte.

M. le président du conseil. L'année dernière la Chambre a été convoquée le 22 octobre.

M. Alfred Naquet. Mais l'année dernière elle était prête à voter le budget : nous n'avons pas eu de douzièmes provisoires, et je crains bien que cette année nous n'y échappions pas.

M. le président du conseil. On a commencé à discuter le budget, l'année dernière, le 20 novembre.

M. Alfred Naquet. Nous verrons si vous pouvez échapper aux douzièmes provisoires.

M. le président du conseil. En tout cas ce ne sera pas de notre faute, mais de la vôtre.

M. Louis Barthou, *ministre de l'intérieur.* Aidez-nous à les éviter !

M. Alfred Naquet. Il fallait nous convoquer un mois plus tôt.

Quoi qu'il en soit, je ne crois pas que la discussion actuelle soit inutile. On nous a démontré très nettement qu'au point de vue des délais on pouvait aboutir ; M. Gauthier (de Clagny) l'a fait avec sa compétence de jurisconsulte ; mais reste à savoir si on peut obtenir le vote de cette loi par le Sénat.

Le Sénat ne la votera jamais, dit-on. Qu'en savez-vous? Je crois bien que le jour où vous proposerez au Sénat une diminution de ses attributions il ne la votera pas, car je ne pense pas qu'il puisse plus se prêter à une diminution de ses attributions qu'à sa destruction pure et simple; mais alors qu'il s'agit d'un système électoral qui a pour objet d'augmenter son autorité, il ne pourrait y avoir de parti pris que de la part de certaines personnalités électoralement menacées, et vous me permettrez d'avoir assez bonne opinion de la haute Assemblée pour croire qu'elle ne se détermine pas par des motifs aussi mesquins.

J'estime donc que le Sénat pourra accepter cette loi si nous la votons ici à une grosse majorité et si M. le président du conseil veut bien s'engager quand nous l'aurons votée à aller la défendre devant le Sénat, comme c'est son devoir absolu. (*Applaudissements à l'extrême gauche.*)

En effet, je ne puis pas ne pas me rappeler qu'au moment où l'on discutait la loi dont nous proposons aujourd'hui la réforme, je siégeais au Luxembourg et que je déposai un amendement tendant à l'élection du Sénat par le suffrage universel direct. Cette proposition ne passa pas, mais elle eut l'honneur de deux épreuves douteuses; ce qui démontre qu'elle n'était pas loin de réunir la majorité. Depuis cette époque, bien des républicains sont entrés au Sénat.

la majorité républicaine s'est accrue, et le projet qu'on discute aujourd'hui est moins radical que celui que je lui soumettais en 1884.

Par conséquent, à moins que vous ne vouliez affirmer — et je ne suppose pas que ce soit votre intention — que depuis ce moment un vent de réaction a soufflé sur le parti républicain, que ce parti a perdu en intensité ce qu'il gagnait en étendue, et que les mêmes hommes qui votaient alors pour le suffrage universel direct ne voteront même pas aujourd'hui pour le suffrage à deux degrés; à moins, dis-je, que vous n'affirmiez qu'un vent de réaction a soufflé sur le parti républicain ou du moins sur cette fraction du parti républicain à laquelle vous appartenez plus particulièrement, il y a donc lieu d'espérer que le Sénat, mû par la considération de ses devoirs et aussi par la considération de ses intérêts bien entendus, — car son autorité sera augmentée par la loi proposée par la commission, — votera ce projet, si nous le votons ici avec une majorité suffisante et si, je le répète, M. le président du conseil veut bien le défendre au Luxembourg, comme c'est son devoir. (*Applaudissements à l'extrême gauche.*)

Le Gil Blas du 13 décembre 1896 (18ᵉ année - nᵒ 6236)

mon opinion sur Jeanne d'arc

E. Naquet et la Pucelle d'Orléans

Au cours d'un procès intenté par M. Louis Martin à M. Aubry pour lui faire faire défense de se servir du pseudonyme de « Louis Martin », Mᵉ Jules Auffray, avocat de M. Aubry, a donné, devant les juges de la première chambre, lecture de lettres curieuses adressées par M. Naquet, le père du divorce, à M. Louis Martin, à propos de la publication d'une brochure sur Jeanne d'Arc.

Voici les principaux passages de ces lettres :

8 octobre 1896.

J'ai lu *Jeanne d'Arc*. C'est parfait. Vos idées sont conformes aux miennes. Quel grand peuple nous ferions, l'Angleterre et nous, unis en une seule nation, si Jeanne d'Arc n'avait pas existé...

Et cette lettre, toujours à la date du 8 octobre 1896, du même au même :

... Je terminais en vous adressant tous mes compliments sur Jeanne d'Arc. Je partage entièrement votre manière de voir et je ne puis songer sans tristesse au grand peuple que nous ferions si l'Angleterre et la France constituaient une seule nation dont, par suite, pendant six siècles, les efforts se seraient confondus au lieu de se neutraliser. Mais je vous prie de ne rien imprimer de ces compliments.

Nous vivons dans une époque où tout est dénaturé et où l'on ne manquerait pas de m'accuser de manquer de patriotisme à cause de ces sentiments éminemment patriotiques que l'on ne comprendrait pas. En ma qualité d'homme politique, visé, depuis le Boulangisme, par toutes les mauvaises volontés, je dois me garder contre la calomnie.

NAQUET.

Le Père du divorce devrait savoir qu'il ne faut jamais écrire... ce que l'on pense.

Mᵉ Etienne Pierre se présentait dans le procès pour M. Louis Martin.

L'Éclair du 7 Janvier 1897 (dixième année — nº 2964.)

L'ACTUALITÉ

LES SURPRISES DU DIVORCE QUI VA PROGRESSANT

Opinion pessimiste de Mᵉ Pouillet. — Le nombre des divorces. — Et le flot montait toujours ! Est-ce un mal, est-ce un bien ? — M. Naquet s'étonne des attaques Il cite les anciennes statistiques

Mᵉ Pouillet, bâtonnier de l'ordre des avocats, sollicité par un de nos confrères d'exprimer son avis sur le bilan de l'année judiciaire, s'est plaint, incidemment, dans sa réponse, du nombre toujours croissant des divorces. Il s'est placé, à un point de vue très élevé, très moral, tel qu'on pouvait l'attendre de son esprit à la fois large et sévère.

Nos juges sont obsédés. Chaque jour, une multitude de couples, las de porter le joug conjugal, réclament la bienheureuse séparation. Et c'est pourquoi M° Pouillet juge gravement la loi libératrice dont M. Naquet fut le père. Le divorce, dit-il en substance, n'est pas seulement un terrible dissolvant de la famille, il l'est encore de la justice, car les juges, envahis par la marée toujours montante des demandes en séparation, n'ont plus le loisir d'examiner les causes qui leur sont soumises avec cette lenteur scrupuleuse et sage dont une bonne justice ne saurait se départir.

— Qu'en pensez-vous, avons-nous demandé à M. Naquet? Serait-il possible que le divorce produisît de si désastreux effets?

— Que voulez-vous que je réponde, nous a dit fort aimablement l'honorable député de Vaucluse, à des choses que j'ai réfutées cent fois, et que l'on reproduit constamment sans se donner la peine de relever les objections que j'ai formulées! Je ne puis cependant pas éternellement me rabâcher et répéter les mêmes réponses aux mêmes erreurs.

Si l'on disait : « Jusqu'à la loi du divorce, nous ignorions la statistique familiale, nous ne connaissions qu'une faible partie des désordres familiaux et des désunions qui les suivent. Le divorce, en donnant aux époux un intérêt à mettre au jour ce qui auparavant demeurait ignoré, a fait ressortir que les mauvais ménages sont beaucoup plus nombreux qu'on ne le pensait et cette découverte statistique que nous devons à la loi du divorce est alarmante. »

La loi du divorce, en effet, ne corrompt pas les mœurs, n'augmente pas les mauvais ménages, crée même — j'en connais — de nombreuses unions heureuses là où sans elle régnerait le concubinage, mais elle fait apparaître dans la statistique (et encore imparfaitement parce qu'elle est insuffisamment large) un mal social que sans elle on ne soupçonnerait pas. Non seulement, on ne saurait lui en savoir mauvais gré, mais encore on doit reconnaître que c'est un service qu'elle rend, car connaître le mal est le premier pas pour arriver au remède.

Mais vous aurez beau répéter cela à des aveugles passionnés qui ne veulent pas entendre, vous verrez se reproduire toujours les mêmes accusations ridicules. On continuera à prétendre que le divorce est coupable des désordres qu'il se borne à constater et que même il guérit en partie. C'est si simple de spéculer sur l'ignorance des masses pour créer des courants d'opinions contraires à ce que l'on veut renverser! Et ce qui prouve que la manœuvre est habile, c'est qu'on trouve des républicains ennemis du divorce parce que, aveuglés par leurs œillères, ils ne voient pas ce qu'il y a derrière la campagne menée contre le divorce.

Heureusement que ces républicains-là ne sont pas légion. Ils sont rares et pour habile qu'elle soit, leur campagne ainsi menée avortera piteusement.

M. Naquet a foi en son œuvre, il la croit bonne

et il n'est la rien que de très naturel. Mais toute..
loi qui modifie si profondément nos habitudes
appelle dans l'observation de ces résultats d'iné-
vitables controverses. M⁰ Pouillet a parlé selon
son caractère et ce sera le mal connaître que de
mettre en doute sa sincérité. Elle est aussi évi-
dente que celle du généreux apôtre du divorce.

Maintenant ne pourrait-on pas dire plus simplement :

— Si l'on se sert de plus en plus de la loi, n'est-
ce point pour démontrer combien elle était utile.

L'Éclair du 8 janvier 1897 (dixième année — n° 2965 —)

OPINIONS

UN RENSEIGNEMENT

J'ai toujours pensé que la méthode qu'a suivie
M. Léon Bourgeois pour arriver à la revision de
la Constitution, tout comme celle qu'ont successivement préconisée M. Goblet et M. Bourgeois du
Jura, ne mènerait jamais à rien. J'ai toujours eu
la conviction que le Sénat ne se laisserait pas
plus entamer par la diminution de ses attributions
qu'il ne se laisserait supprimer, et je n'ai jamais
cru que le corps électoral sénatorial tel qu'il a été
constitué par la loi de 1885 fût susceptible d'un
courant suffisant pour faire passer du modéran-
tisme au radicalisme la majorité de l'assemblée
qui siège au Luxembourg.

Je m'en expliquais avec M. Léon Bourgeois, dans
son cabinet, quelques jours après sa chute. Je lui exposais que, à mon sens, ce n'est pas par l'accord des
deux Chambres que la revision peut se réaliser,
mais bien par la volonté de la Chambre des députés s'imposant au Sénat sous l'influence d'une éner-
gique pression de l'opinion publique. J'ajoutais que
pour obtenir un tel résultat il serait nécessaire
qu'un mouvement d'opinion considérable existât
dans le pays et qu'il est chimérique de l'espérer
sur le programme d'une revision limitée. M. Bourgeois ne partageait naturellement pas ma manière
de voir.

D'abord — et ceci est une raison capitale
— sans être théoriquement hostile à l'unité du
pouvoir législatif, il y préfère, en l'état de nos
mœurs politiques, le système des deux Chambres, à la condition que les attributions de la
Chambre haute soient telles que la souveraineté
du suffrage universel ne puisse être en aucun cas

mise en échec.

Ensuite il estimait, au moment où j'en causais avec lui, que, quelque opinion que l'on pût avoir sur cette question, il serait toujours nécessaire, jusqu'au renouvellement sénatorial du mois de janvier 1897, de limiter le programme revisionniste, afin de bien montrer à tous que nous ne sommes pas intransigeants, que nous avons fait à l'assemblée du Luxembourg et aux électeurs qui l'élisent toutes les concessions compatibles avec le principe de la souveraineté nationale : si, plus tard, il devenait nécessaire d'aller plus loin, du moins il serait bien établi que l'impossibilité absolue de faire autrement en serait seule la cause. Nous aurions le beau rôle et cela faciliterait le mouvement d'opinion que nous n'aurions qu'à seconder, ce qui est notre vrai rôle, au lieu d'avoir à le provoquer.

Je crois avoir reproduit nettement les idées que m'exprimait en mai dernier M. Léon Bourgeois. Je les ai trouvées justes, sinon sur la question théorique de l'unité de Chambre dont je demeure l'inébranlable partisan, du moins sur la voie à suivre, sur la tactique à adopter pour assurer la souveraineté du suffrage universel.

Je les ai si parfaitement trouvées justes, ces vues, que, entrant moi aussi dans la même voie, j'ai, lors de la discussion de la proposition Guillemet, relative au mode d'élection des sénateurs, pris la parole et parlé dans le sens de la proposition, tout en faisant remarquer que j'avais ma pensée de derrière la tête et que, loyalement prêt à accepter un Sénat modifié qui ne gênerait plus la souveraineté populaire, je demeurais convaincu cependant que l'existence d'un tel Sénat est impossible et que nous marchions inéluctablement à la suppression pure et simple de la haute Assemblée.

Cette manière de voir est également celle de M. Goblet qui n'a pas caché sa prédilection pour le système de l'unité de Chambre, mais qui consent à y renoncer, si le Sénat consent, de son côté, à renoncer à celles de ses attributions qui sont de nature à gêner la souveraineté populaire. M. Goblet, d'ailleurs, tout comme M. Bourgeois, pensait qu'une revision limitée pouvait être espérée soit de la sagesse du Sénat, soit de la sagesse du corps électoral sénatorial, et qu'on pouvait l'obtenir par l'accord des deux Chambres en dehors de toute passion et de toute pression du pays.

Eh bien ! aujourd'hui ceux de nos amis radicaux qui ont nourri de si douces espérances doivent être quelque peu désappointés.

Le Sénat renouvelé compte à peu près 50 radicaux — 50 revisionnistes — contre 250 adversaires de la revision, conservateurs ou républicains modérés.

D'autre part — et malgré le courant bien certain, bien réel, qui existe dans la nation, qui s'est manifesté dans les élections de dimanche, et qui a permis à nos chefs et à la presse radicale de revendiquer très justement cette journée comme un triomphe radical — comment se chiffre finalement ce triomphe? par un gain de 8 à 10 voix tout au plus. Ainsi, malgré un courant incontestable de l'opinion publique appuyé par une très belle et très vigoureuse campagne de propagande, nous avons remplacé 8 à 10 sénateurs modérés par des sénateurs radicaux, et c'est tout.

Je ne parle pas des quelques sièges gagnés sur la droite, parce que conservateurs et modérés étant d'accord pour écarter la revision, au point de vue spécial qui m'occupe ce résultat est nul.

Or, pour avoir une majorité revisionniste au Sénat, il nous faut au moins 151 sénateurs radicaux. Il nous en manque 100. A supposer que nous puissions en gagner 10 à chaque renouvellement, il nous faut au minimum dix renouvellements, c'est-à-dire trente ans, pour y arriver. Je ne pense pas que personne veuille ajourner ses espérances à 1927 ; et, dès lors, l'échec de la méthode conciliatrice étant complet, il ne reste qu'à adopter la méthode du conflit, celle qui nous a valu le grand, l'inoubliable succès du 16 mai, succès auquel nous devons l'établissement définitif de la République.

Cette méthode est simple. C'est celle que je voulais employer à l'époque du boulangisme, et grâce à laquelle la revision serait chose faite si les républicains avancés étaient restés dans le mouvement et n'en avaient pas, en s'en retirant, abandonné la direction à l'élément rétrograde, le rendant ainsi dangereux et justifiant d'ailleurs les quelques républicains qui, comme Rochefort, Laisant et moi, y étaient demeurés pour en conserver l'orientation première, ou au moins en enrayer la déviation.

La méthode du conflit consiste à avoir une Chambre élue avec un mandat revisionniste et décidée à renverser impitoyablement tout cabinet qui ne lui apportera pas la revision. Cette Chambre sera dissoute, mais sa majorité reviendra accrue, et si, alors, elle pousse son énergie jusqu'à refuser le budget ainsi qu'en 1877, le Sénat cédera et la revision sera faite.

Mais si cette méthode est la seule possible ainsi que la consultation électorale dernière le démontre victorieusement, du moins faut-il s'y préparer et obtenir du pays une Chambre des députés capable de mener à bien une telle entreprise.

Et pour cela il ne suffit pas d'un courant d'opinion réel mais limité. Il faut un courant ardent, violent, passionné, tel que ceux que nous avons connus à l'époque du 16 mai et à celle du boulangisme.

Or, un tel courant, ce n'est pas en parlant de cette revision limitée, bonne pour les politiciens, mais inaccessible à l'esprit des masses, que nous le ferons naître et grandir. C'est uniquement en parlant de Constituante et de suppression du Sénat.

M. Bourgeois a pu s'en convaincre au cours de sa belle campagne. Partout, on l'accueillait au cri de : « à bas le Sénat ». Il était obligé de réfréner, de calmer cet enthousiasme. Quel résultat plus grand n'eût-il pas obtenu et n'obtiendra-t-il pas demain en entrant dans l'esprit des populations républicaines et en disant, lui aussi : « à bas le Sénat » !

Et qu'on ne prétende pas qu'il ne le peut plus après ses derniers discours. Le propre des vrais hommes politiques est de modifier leur attitude selon ce que les circonstances leur commandent, le but à atteindre, les principes, demeurant seuls invariables. M. Bourgeois l'a reconnu déjà : partisan résolu de la concentration qu'il avait vaillamment défendue à la tribune, il l'a dénoncée à cette même tribune, lorsqu'elle lui est apparue impossible, pour défendre le principe des cabinets homogènes.

Il peut faire de même pour la revision et il le fera, je l'espère, parce que M. Léon Bourgeois n'a rien du sectaire, que c'est un politique honnête, avisé, scientifique, sur qui l'enseignement des faits porte ses fruits, et cet enseignement, à cette heure, le corps électoral sénatorial le lui a donné.

Alfred Naquet.

Le « Journal », du 9 janvier 1897.

ENQUÊTE
sur
LES FIANÇAILLES
— Suite —

L'opinion de l'auteur de la loi sur le divorce ne peut manquer de faire autorité dans la matière. La voici.

M. ALFRED NAQUET

« *Chambre des Députés, 21 décembre 96.*

« Monsieur,

« C'est seulement aujourd'hui que me parvient à Nice votre lettre, et je crains bien qu'il ne soit tard pour y répondre.

« Qu'entendez-vous par fiançailles ? Si c'est cette cérémonie que l'on fait quelquefois et qui précède le mariage, je crois que cela n'ajoute rien et n'enlève rien aux éventualités redoutables de l'union que l'on va contracter.

On ne se connaîtra pas mieux après qu'a-
vant.

» Il en serait autrement, j'en conviens, si,
dans notre pays où les jeunes filles ne sont
pas libres comme elles le sont en Angleterre
et en Amérique, les fiançailles avaient pour
résultat de les affranchir ; si c'étaient *les ordres mineurs du mariage*, permettant à la jeune
fille de fréquenter assidûment son fiancé sans
se compromettre et sans être cependant définitivement engagée.

» S'il en était ainsi, une longue durée des
fiançailles serait utile ; mais il n'en est pas et
il n'en sera pas ainsi, et dès lors elles ne servent à rien.

» La question est celle-ci : il importe au
bonheur des époux, à l'ordre social, que les
conjoints se connaissent sérieusement avant
de s'épouser, qu'ils aient été à même d'apprécier leurs défauts et leurs qualités ; il importe que le mariage ne se fasse plus comme
on traite une affaire. Mais c'est là un desi-
deratum dont, hélas ! nous sommes loin.

» Comment l'atteindre ? Par des fiançailles sérieuses et longues affranchissant la jeune
fille ? Je le veux bien. Mais j'aimerais mieux
voir nos mœurs se modifier et que la jeune
fille, fiancée ou non, jouît, chez nous, de la
même liberté qu'en Angleterre ou en Amérique.

» Croyez, cher monsieur, à mes meilleurs
sentiments.

Le Gil Blas du 11 janvier 1897 (19ᵉ année - n°6269)

L'HISTOIRE AU THÉATRE

« A la vie, à la mort ! »

M. Pierre Denis, l'ami fidèle du général
Boulanger, annonce qu'il fera représenter
très prochainement, sur une scène pari-
sienne, une pièce : *A la vie, à la mort !* qui
résumera exactement la vie du général.

« Ce drame, nous dit-il, aura six tableaux :

» Premier tableau. — Le 13 juillet,
veille de la Fête nationale : nous voyons
le général Boulanger en plein triomphe ;
acclamations, ovations.

» Deuxième tableau. — Le 27 janvier :
l'Apothéose ; le général est maître de
Paris, qui vient de l'élire.

» Troisième tableau. — Départ pour
Bruxelles : le général est traqué ; il sort
du territoire de la France.

» Quatrième tableau. — L'Exil à Jersey.

» Cinquième tableau. — L'Exil continue
à Bruxelles, avec ses tristesses ; ses anciens
amis l'abandonnent peu à peu ; une femme
réussit à le consoler.

» Sixième tableau. — Le Dénouement ;
la vie lui pèse ; il la quitte. »

Mais, dès hier, l'auteur a tenu à déclarer
que sa pièce n'est, « en aucune façon, un

pamphlet politique ».

« Ce n'est, a-t-il écrit au *Matin*, qu'un drame moderne que je me suis efforcé de rendre très vrai, n'ayant qu'une préoccupation, celle de faire du bon théâtre et de faire connaître la vérité et rien que la vérité. »

D'autre part, M. Pierre Denis a bien voulu fournir quelques détails à l'un de nos confrères de la *Libre Parole*.

Nous savons, maintenant, que le drame de M. Pierre Denis est « une suite de scènes réelles, qui se sont passées à Paris, à Jersey ou à Londres, que toutes les phrases prononcées par les personnages, sont la reproduction textuelle de phrases dites ou écrites. » Enfin, nous n'ignorons pas que la scène capitale de *A la vie, à la mort !* sera la grande scène qui a précédé et déterminé le départ de Boulanger, une scène à trois personnages — dont M. Pierre Denis se réserve de dire les noms plus tard.

CHEZ M. ALFRED NAQUET

Sur l'opportunité de cette « résurrection », j'ai voulu avoir le sentiment de l'ancien président du Comité boulangiste. Et, hier soir, je me suis présenté chez le député de Vaucluse.

Tout d'abord, M. Alfred Naquet se montra assez embarrassé de me répondre.

— Je ne connais pas cette pièce, murmura-t-il, et si je suppose bien que l'on m'y fait jouer un rôle, j'ignore encore lequel. Je ne puis donc vous dire grand'-chose.

Puis, se ravisant tout à coup, il s'écria :

— Si, cependant ! Cette scène à trois personnes doit me viser plus particulièrement que les autres. Eh bien, comme à l'heure présente j'ignore encore s'il n'y en a pas eu plusieurs — Boulanger ayant toujours fait de la « politique de compartiments » — je vais vous dire comment les choses se sont passées.

» Un matin, je vis entrer dans mon cabinet de travail Dillon, qui me dit : « Je » viens vous soumettre une idée. » Et sans autre préambule, il ajouta : « Ne pensez-» vous pas que Boulanger devrait quitter » Paris, afin que notre chef et notre dra-» peau soient à l'abri ? » — « Jamais de la

» vie, au grand jamais ! » m'écriai-je. Dillon insista et je protestai encore plus énergiquement.

» Eh bien ! allons voir ensemble le général », proposa-t-il. J'acceptai et je partis, bien convaincu que Boulanger allait tomber de son haut, dès les premiers mots. Mais, à mon grand étonnement, il laissa parler Dillon et déclara qu'il n'était pas encore décidé à partir, mais qu'il envisageait la chose comme possible — dans l'intérêt du parti, bien entendu. « Prenez garde ! lui dis-je alors : votre popularité est faite non seulement par les mécontents, mais aussi par ceux qui voient en vous le général, le « chapeau sur l'oreille », l'audacieux. En partant, vous perdez votre prestige, c'est-à-dire les trois quarts de votre popularité. » Boulanger me répliqua : « Mais si je reste, on m'emprisonnera, je ne pourrai plus estampiller les candidats et nous serons battus. » — « Au contraire, rétorquai-je, j'y vois, moi, un avantage, car je redoute précisément cette estampille. Vous ne pouvez, en effet, faire des républicains malgré eux ; vous serez donc obligé ou de prendre des inconnus ou de remorquer des réactionnaires. Or, les inconnus ne passeront pas et on vous reprochera l'élection des réactionnaires estampillés. Tandis que si vous êtes en prison, tous ceux qui le voudront pourront se réclamer de vous et même si les réactionnaires sont élus en majorité, Paris ne vous en voudra pas. Bref, vous absent, ce sont tous les dangers réunis, — la défaite, en un mot. » Le général semble réfléchir quelques instants, puis prononce lentement : « Tout de même, il est possible que je me décide à partir, mais je ne veux pas le faire sans un ordre de vous. Je vous demande donc de me donner cet ordre. »

Ici, M. Alfred Naquet s'interrompit pour prendre haleine, puis reprit presque aussitôt :

— Aujourd'hui, à distance, j'estime que j'ai commis une faute politique en écrivant cette lettre. Mais ce jour-là je pensai que, pour atténuer le mécontentement de nos partisans, il fallait que quelqu'un prît la responsabilité de ce départ et je la pris. Séance tenante, j'écrivis donc la lettre que vous connaissez et je la remis au général en lui disant : « Vous me demandez l'ordre » de partir, je vous le donne, mais je vous » blâme. » Encore une fois, le général es- saya de me convaincre. « Cependant, me » demanda-t-il, si on arrête Dillon, qui dis- » tribuera les fonds? » — « Dillon peut » partir, répondis-je. Dillon est une caisse » et tout le monde comprendra que nous » mettions la caisse à l'abri. » — « Et Ro- » chefort? » — « Rochefort aussi peut par- » tir, mais vous vous devez rester. » Et je pris congé du général sur ces derniers mots.

» Deux ou trois jours après, nous ap- prenions que le général était à Bruxelles.

» Le même soir, nous étions réunis chez Laguerre : Le Hérissé, Laguerre et moi, et nous décidions que Le Hérissé partirait immédiatement pour Bruxelles afin de ramener le général coûte que coûte. Le Hérissé sauta tout de suite dans un fiacre et se fit conduire à la gare de Lyon. Mais, lorsqu'il arriva à Bruxelles, le général, déjà rassuré, sans doute, avait repris le train pour Paris.

» Ceci pour bien vous prouver que j'étais loin de désirer le départ de Boulan- ger, même après avoir écrit la lettre. »

Et M. Alfred Naquet ajouta, pour con- clure :

— Voilà la vérité vraie. Quinze jours après, Boulanger partait, sans prévenir personne, cette fois, pas même ses amis, pas même nous.

J'avais déjà remercié M. Naquet de son aimable accueil et j'allais prendre congé de lui, lorsqu'il m'arrêta pour me dire :

— Ah! encore un mot. On m'a rapporté que M. Arthur Meyer affirmait qu'il avait eu, précisément la veille du premier dé- part, une entrevue avec le comte Dillon, entrevue au cours de laquelle Dillon au- rait parlé en homme hostile au départ. Si le fait est exact, ce que j'ignore — et même je vous serais obligé d'en demander la confirmation à M. Meyer lui-même — je m'explique mal le brusque changement d'attitude de Dillon...

M. ARTHUR MEYER

Dans la soirée, j'ai eu l'honneur d'être reçu par M. Arthur Meyer. Voici la dé- claration très nette du directeur du

Gaulois :

— Je me suis fait, en général, une règle absolue, de ne pas répondre lorsqu'on n'interroge sur l'aventure boulangiste. Mais aujourd'hui, puisque vous venez sur la prière de M. Naquet et qu'aussi bien vous me demandez la confirmation d'un fait précis, j'estime que je puis parler.

» Oui, il est vrai que le comte Dillon a toujours combattu, devant moi, les projets de départ du général — qu'il a fait comme nous d'ailleurs, « l'impossible » pour l'empêcher de quitter Paris. »

CHARLES BARDIN

Le Figaro du 18 janvier 1897 (43ᵉ année — 3ᵉ série — n° 16)

PETITES NOTES D'HISTOIRE

Une lettre de M. Naquet sur la période boulangiste est en quelque sorte une page de cette histoire, encore si compliquée, que M. Pierre Denis remet en actualité. Voici la lettre que nous envoie M. Naquet :

Paris, le 15 janvier 1897.

Monsieur le Rédacteur en chef,

Je lis la longue interview consacrée par M. Chincholle à la pièce de Pierre Denis. Il paraît qu'on m'y fera dire :

« Je ne demande qu'à être ambassadeur auprès du Vatican. »

Si c'est ainsi que M. Pierre Denis écrit l'histoire, la vérité ne risque pas d'y trouver son compte.

Inutile, en effet, de vous affirmer que je n'ai jamais prononcé cette phrase ridicule.

Voici les faits qui peuvent, d'ailleurs, avoir induit M. Denis en erreur. C'est moi seul qui les ai racontés sans les écrire et, passant de bouche en bouche, ils auront été dénaturés.

Un soir, M. le comte Dillon m'avait invité à dîner en compagnie d'un de vos confrères de Paris.

Là, après une longue et intéressante conversation sur les formes démocratique et aristocratique de gouvernement, M. Dillon me dit :

« Je rêve, après le succès, de vous faire

envoyer en qualité de ministre extraordinaire auprès du Vatican pour y négocier le désarmement de l'Europe. »

Je ne répondis rien et je me contentai d'esquisser un sourire.

Cette scène-là — comme celle à propos de laquelle j'ai parlé dans le *Gil Blas* de vendredi — était aussi à trois personnages ; mais tous les trois sont vivants et ceux qui voudront avoir la confirmation de ce qui précède n'auront qu'à invoquer le témoignage des deux personnes qui, en dehors de moi, y assistaient.

Je vous serais reconnaissant, monsieur le Rédacteur en chef, si vous vouliez bien insérer cette lettre dans votre plus prochain numéro et je vous prie d'agréer l'assurance de ma parfaite considération.

A. NAQUET.

L'Éclair du 22 janvier 1899 (dixième année — n° 2979)

OPINIONS

LES CONCENTRÉS

La dernière fois que j'ai eu l'occasion de parler aux lecteurs de l'*Éclair*, je m'efforçais de faire ressortir que si l'on voulait obtenir la revision de la Constitution il fallait l'imposer au Sénat et non la lui demander ; qu'aussi longtemps que nous nous bornerons à la lui demander il nous la refusera, mais que, quand nous saurons l'exiger en nous appuyant sur un pays décidé à l'obtenir, nous l'aurons.

J'ajoutais que, pour avoir ce pays décidé à l'obtenir et la Chambre qui en sera la représentation fidèle, il était nécessaire de déterminer dans les masses électorales un courant d'opinion analogue par sa puissance à celui qui balaya toutes les oppositions monarchiques après le 16 Mai, et que ce n'était pas en proposant des réformes de détail dans les attributions sénatoriales, mais par une charge complète contre la Chambre haute qu'on avait des chances sérieuses de le faire naître.

J'aurais pu ajouter encore pour ceux aux yeux de qui tout s'efface devant l'objectif du pouvoir, pour ceux qui s'accommoderaient volontiers de la Constitution actuelle si, avec elle, la Chambre leur accordait les portefeuilles et les leur maintenait pendant toute une législature, que déterminer un mouvement d'opinion sur la suppression du

Sénat est aussi le seul moyen d'atteindre leur but, c'est-à-dire le seul moyen de constituer une majorité capable de les porter aux affaires et de les y maintenir.

S'ils ne s'en rendent pas compte ; s'ils se bornent à pérorer sur les attributions financières du Sénat, je leur prédis que la Chambre de 1898 ressemblera terriblement à la Chambre actuelle, et que les portefeuilles qu'accidentellement ils y ramasseront seront aussi instables, aussi précaires, que l'ont été ceux qui ont pu échoir aux divers cabinets depuis 1876 jusqu'à aujourd'hui.

Et cependant comment s'efforce-t-on de répondre à cette nécessité qui s'impose au parti radical comme une condition de vie ou de mort ? En prêchant la concentration républicaine.

C'est à croire que l'on rêve !

Voilà quatre ans que l'on dénonce la concentration, voilà quatre ans que l'on répète que, la République étant définitivement fondée, il est temps d'avoir deux grands partis qui se disputent le pouvoir. On a été plus loin ; on a mis la théorie en pratique et les cabinets opposés de M. Dupuy et de M. Casimir-Perier d'un côté, de M. Bourgeois de l'autre, avaient rendu l'inappréciable service de commencer à opérer ce nouveau, cet inévitable classement.

Et c'est lorsque cet effort a été fait, que les partis s'organisent, qu'on peut espérer pour 1898 une consultation sérieuse du suffrage universel parce que deux programmes d'ensemble se substitueront à la diversité infinie des programmes individuels ; c'est lorsqu'on est en droit d'entrevoir une majorité sérieuse, organique, qui nous fasse sortir du chaos dans lequel nous nous agitons depuis vingt années ; c'est à ce moment-là que des hommes pour lesquels nous avons de l'amitié, de l'estime, du respect, des hommes que la démocratie n'a jamais cessé d'écouter et de suivre depuis que la république existe, viennent nous demander de reculer de quatre ans en arrière et de recommencer ce jeu de la concentration qui, nécessaire lorsque la république était à établir, est devenu stérile maintenant qu'elle est établie.

Est-elle seulement possible à la Chambre cette concentration que l'on souhaite ? Le désir de constituer une société de secours mutuels électorale et d'avoir les préfets pour l'organiser peut-il suffire à transformer ce rêve en une réalité ?

Je ne le crois pas.

Le ministère Bourgeois, en tombant, avait posé deux questions : celle de l'impôt global et progressif sur le revenu et celle de la révision constitutionnelle. C'est sur ces questions que le Sénat l'a renversé, alors qu'il conservait la majorité au

Palais-Bourbon. Est-ce que d'aventure M. Bourgeois et ceux qui l'ont suivi, qui ne demandent qu'à le suivre encore, vont se déjuger? Vont-ils abandonner l'impôt sur le revenu et la revision? Et s'ils y demeurent fidèles, s'ils conservent l'intégrité de leur programme, est-ce que les modérés, les amis de M. Méline et de M. Cochery, qui ont fait contre l'impôt sur le revenu la furieuse campagne encore présente à tous les esprits, vont, par une grâce efficiente du dieu des concentrés, s'y rallier sans hésitation?

Pour l'honneur humain, il est impossible de faire, même une minute, une pareille hypothèse. M. Cochery demeurera l'adversaire de l'impôt global sur le revenu tout comme M. Bourgeois et ses amis en demeureront les partisans; et alors avec qui et sur quoi se concentrera-t-on?

Il va de soi que les pontifes de la concentration ont prévu ces difficultés. Aussi, depuis quelque temps cherche-t-on à les aplanir. Est-ce donc si ardu? Il y a impôt sur le revenu et impôt sur le revenu, nous dit-on. Supprimons la déclaration, supprimons la taxation administrative, contentons-nous des signes extérieurs. En un mot, conservons, avec quelques insignifiantes modifications, la contribution personnelle et mobilière en nous contentant de la baptiser impôt sur le revenu, et M. Cochery n'aura plus aucune raison de ne pas mettre sa main dans la main de M. Bourgeois.

Pour la revision on procède de même. On persévère dans la méthode édulcorée qui consiste à la demander aux deux Chambres, et à attendre avec quiétude que la majorité sénatoriale soit modifiée, ce qui arrivera sans doute d'ici à un demi-siècle, et dès lors tout s'aplanit. Avant de renverser le cabinet Méline, dont peut-être on escompte un peu trop la mort, on fera venir la question devant la Chambre. Si la revision y réunit une majorité, le cabinet des concentrés ira, pour la forme, la défendre devant le Sénat, qui l'enterrera et en débarrassera le tapis. Si la Chambre elle-même refuse de prendre en considération les projets qui lui sont soumis, les concentrés se trouveront débarrassés bien plus complètement et bien plus vite de cette encombrante question.

C'est clair et c'est net. On se concentrera en abandonnant son programme. On proclamera à la face de la nation que les réformes dont on lui parle et pour lesquelles elle était prête à se passionner ne sont que des trompe-l'œil bons tout au plus à servir de pavillon à la marchandise ministérielle. On lui dira, implicitement au moins, qu'on ne croit pas plus à l'utilité qu'à la nocivité de l'impôt sur le revenu, et que les déclamations enflammées des uns et des autres ne sont qu'un moyen de se disputer le ministère. On lui dira cela au risque d'achever l'œuvre de découragement et d'écœurement qui tend à s'emparer des électeurs. Il est vrai qu'on aura pour soi les préfets et la chance, par la grâce de ces hauts fonctionnaires et par l'indifférence qu'on aura semée et récoltée dans le pays, de revenir à la législature de 1898 et d'y recommencer les discussions oiseuses des législatures précédentes.

Agir de la sorte ce n'est pas faire l'impôt sur le revenu ; c'est renoncer à l'impôt sur le revenu.

Agir de la sorte ce n'est pas préparer la revision, c'est renoncer à la revision, puisque c'est renoncer à provoquer le grand, l'irrésistible courant d'opinion qui seul peut en faire une réalité.

Eh bien ! non ! un pareil projet de ministrables aux abois ou de candidats effarés ne peut pas aboutir. J'ai pour ma part, pour les chefs qui nous dirigent et pour l'armée qui les suit, une trop grande estime ; je leur crois un sentiment trop haut de leur devoir et des convictions trop sérieuses et trop profondes pour les supposer capables de se laisser entraîner à une combinaison aussi désastreuse, à une combinaison dans laquelle le parti radical s'effondrerait ne laissant plus en face qu'une minorité collectiviste violente et une majorité modérée compacte, sans tampons intermédiaires, et sans moyens désormais d'échapper au piétinement si ce n'est pour tomber dans la révolution.

Il suffit de déchirer le voile qui couvre la concentration pour que la concentration ne puisse pas aboutir et durer.

Et une fois ce cauchemar écarté, nos chefs finiront par reconnaître — même ceux qui paraissent les plus rétifs à cette idée — que la campagne ardente sur la suppression du Sénat est le moyen unique d'infuser un sang nouveau à la démocratie française, de la faire sortir de l'atonie où elle s'anémie d'heure en heure ; de faire revivre en elle la flamme des beaux jours, et d'obtenir de son enthousiasme ce que l'on n'obtiendra jamais de sa froide raison : la transformation radicale de notre organisme constitutionnel et une majorité vraiment progressiste capable de tirer de cette constitution nouvelle l'ensemble de progrès et de réformes auxquels elle sera adaptée.

Alfred Naquet.

L'Éclair du 18 février 1897 (X^e année n° 2005)

OPINIONS

LA POLITIQUE DES ILLUSIONS

Mon ami M. Edouard Lockroy publia il y a quelques années dans l'*Eclair*, sous ce même titre, un article qui, lu par M. Poincaré à la tribune du Palais-Bourbon, eut un véritable succès de gaîté franche et de bon aloi.

L'idée qui dominait cet article, et qui était conforme au sentiment que je professe moi-même depuis que je m'occupe de politique, peut à cette heure servir de critérium pour juger la plate-forme radicale actue le. Il est, par suite, opportun d'y revenir aujourd'hui.

Dans l'état de nos mœurs, de notre civilisation, ce n'est presque jamais sur des réformes déterminées et précises que l'on arrive à provoquer un courant d'opinion suffisant pour modifier l'orientation politique d'un pays.

En dehors des périodes excessivement rares comme celles que traversa la France en 1789, le progrès, dans les pays libres, s'accomplit d'après une évolution progressive, lente, dont tous les éléments, sans doute, ont une portée considérable et concourent, en s'accumulant dans le temps et l'espace, à de très grands résultats, mais dont les mêmes éléments, pris chacun en particulier, sont trop petits, trop peu importants par leurs conséquences immédiates, laissent une distance trop grande entre le champ de l'espérance et le champ de la réalité, pour que l'enthousiasme populaire puisse s'y greffer.

Veut-on un exemple? Je prendrai l'impôt sur le revenu de M. Doumer. Voulant me renseigner sur l'importance électorale que cette réforme pourrait avoir, je m'adressai au maire d'une agglomération de cinq cents habitants où la nouvelle forme de l'impôt personnel aurait produit des effets particulièrement avantageux. Voici ce qu'il me répondit :

« Dans la commune que j'administre, il n'y a pas de misérables, et tous nous sommes inscrits au rôle de la taxe personnelle et mobilière; mais comme, quoique nous possédions tous quelque chose, aucun de nous ne possède un revenu supérieur à 2,500 francs, aucun de nous ne payerait le nouvel impôt. Nous serions donc tous dégrevés.

» Seulement, ajoutait-il, de combien le serions-nous? La moyenne de notre imposition actuelle est de 13 francs, sur lesquels 9 francs de contribu-

tion communale et départementale; le dégrèvement serait donc en moyenne — et les termes
extrêmes s'en écartent peu — de 4 francs par an
pour chacun de nous.

» Eh bien! poursuivait-il, il est clair que si on
nous faisait voter plébiscitairement sur la question nous voterions *oui*; mais il est également t
certain que l'appât de 4 francs par an ne suffirait pas, dans une élection personnelle, à déterminer un courant et à enlever une voix au can-
didat pour lequel on serait disposé à voter sant
cela. »

Mais si, au lieu de parler aux masses qui auraient été dégrevées par la réforme fiscale du
cabinet Bourgeois, je m'adressais aux riches qui
auraient payé les frais du dégrèvement, le raisonnement était tout différent. Comme ici, vu leur
petit nombre, la charge était sensible, je ren-
contrais une opposition violente et tapageuse.

C'est le cas de la plupart des réformes. Elles
rencontrent l'indifférence de ceux qui en bénéfi-
cient, parce que le bénéfice se répartissant entre
un grand nombre d'hommes est infinitésimal pour
chaque homme en particulier; et elles se heurtent
à la colère de ceux qui en souffrent, parce que, vu
leur petit nombre, ceux-ci ressentent vivement la
charge qui en résulte. De là la difficulté de rien
réformer.

Pour opérer des innovations, il faut avoir la
force de les faire accepter de ceux à qui elles nuisent. Pour cela il faut être porté au pouvoir par
un sérieux mouvement d'opinion; et ce mouvement d'opinion, il faut l'obtenir du pays.

C'est ici qu'apparaît nécessaire ce que M.
Lockroy appelait la politique des illusions.

Non qu'il faille offrir aux populations des projets chimériques et irréalisables! — le mensonge
se retournerait bien vite contre ceux qui y auraient recours. Mais il faut choisir, pour agiter
les esprits, un projet de réforme qui, tout en étant
pratique, utile, nécessaire même, puisse être dé-
mesurément grossi par l'esprit d'un chacun; qui
soit à la politique ce que la musique est à l'art:
où chacun puisse voir la réalisation de sa propre
chimère.

Alors, et alors seulement, on réalise un progrès
et, en le réalisant, on conquiert un pouvoir assez
solide pour en réaliser d'autres. L'histoire entière
est là qui l'atteste.

La Révolution de 1789 aurait dû constituer
une exception à cette règle parce que l'œuvre
qu'elle avait à accomplir se suffisait à elle-même
par sa propre grandeur. Elle n'a pas moins donné
aux assemblées révolutionnaires la puissance de
la dépasser, de réaliser des progrès que les man-

dants de 1789 n'avaient certes pas prévus, et dont quelques-uns devançaient tellement leur époque qu'ils ont disparu depuis.

La troisième République offre un exemple semblable. Si nous nous étions bornés, sous l'empire, sans mettre le gouvernement impérial en échec, à réclamer la réforme scolaire et la réforme militaire, la liberté de la presse et le droit de réunion, le divorce, etc., etc., je doute fort que nous eussions réussi à frapper assez l'opinion pour pouvoir secouer sa torpeur.

Mais nous avons porté la lutte sur la forme de gouvernement, sur l'idée républicaine.

Il ne manquait pas alors de gens pour nous dire — comme nous le dit aujourd'hui M. Bourgeois à propos du Sénat : — « Pourquoi faire d'une révolution la condition nécessaire de toute rénovation sociale (c'étaient les propres paroles de M. Guéroult en 1863)? L'empire n'est pas incompatible avec le progrès ; luttons pour les réformes pratiques au lieu de chercher à renverser le gouvernement. »

Notre génération comprit d'instinct que la République était la condition de tout progrès sérieux, parce que seule elle pouvait déterminer un enthousiasme suffisant pour porter en force le parti progressiste au pouvoir.

Certes ! en proposant la République aux populations, nous ne leur proposions pas une réforme illusoire. La République alors, comme la revision aujourd'hui, constituait par elle-même une réforme considérable, un immense progrès. — Mais si ce progrès s'était limité à lui-même, il n'eût cependant peut-être pas valu les efforts qu'il a coûtés : l'Angleterre nous prouve que l'on peut progresser sous une autre forme de gouvernement.

Mais la République avait au premier chef le caractère de leading-reforme, dirai-je, en employant un mot anglais qui rend bien ma pensée. Elle entraînait les masses, et en luttant pour elle, non seulement nous l'avons obtenue, mais encore nous avons obtenu par surcroît les libertés qu'elle comportait et que vraisemblablement sans elle nous aurions mis un demi-siècle de plus à conquérir.

Ces principes posés, et je ne les crois pas discutables, appliquons-les à la situation actuelle.

Le parti radical a besoin d'une plate-forme pour battre la coalition des opportunistes et des anciens monarchistes, et d'une plate-forme qui ne se chiffre pas.

L'impôt sur le revenu se chiffre. Il ne peut venir qu'en sous-ordre et comme adjuvant.

La campagne anticléricale est usée ; et elle a

de plus en ce moment le grave inconvénient de renforcer la cohésion de l'alliance opportuno-cléricale.

Je ne vois qu'une réforme qui ne se chiffre pas, dont chacun puisse espérer la réalisation de ses idées propres, et qui soit apte, par conséquent, à enthousiasmer les masses. C'est la revision, à la condition qu'on la prenne par son côté aigu et que l'on crie : « A bas le Sénat ! »

A cette condition, et à cette condition seule, nous aurons une prochaine Chambre vraiment différente de celle-ci, et nous pourrons faire un gros pas en avant. Sinon, pris entre la routine générale, le désenchantement du pays, l'influence administrative d'un côté et la chimère collectiviste de l'autre, cette promesse paradisiaque qui possède au premier chef l'avantage de ne pas se chiffrer, nous verrons notre parti s'émietter et disparaître et ce sera pour le pays un mal énorme.

Je soumets encore ces considérations à M. Bourgeois.

Alfred Naquet.

Le Figaro du 14 mars 1897 (43ª année – 3ª série – nº 73)

à propos de la pièce de pierre Denis « à la vie, à la mort » sur le Gᵃˡ Boulanger.

Avec M. Naquet, la confiance disparaît, et il le dit avec cette précision qu'on lui connaît :

Monsieur,

Je trouve que nous sommes encore trop près du boulangisme pour en parler impartialement. Je ne vois donc aucun intérêt à raviver des souvenirs, encore trop jeunes pour ne pas être pénibles, et trop vieux déjà pour être intéressants.

Veuillez agréer, etc.

A. NAQUET.

L'Écho de Paris du 30 mai 1897.
— 14ᵉ année — n° 4752 —

LA PROTESTATION
de M. Alfred Naquet

M. Alfred Naquet vient enfin de rompre le silence. Il a attendu jusqu'à ce jour, espérant que sa santé se remettrait assez pour lui permettre d'affronter l'éventualité d'une incarcération. Voyant aujourd'hui qu'il lui faut renoncer à cet espoir, il vient d'adresser un long mémoire au juge d'instruction et à la chambre des mises en accusation, dans lequel il proteste avec indignation contre l'« accusation odieuse » qu'un calomniateur fait peser sur lui.

Inculpé, il ne saurait être interrogé sous la foi du serment. Sa déclaration écrite vaut, par suite, sa déclaration verbale. Il espère que le juge vérifiera ses assertions et qu'il pourra, quoique absent, lorsque la lumière aura été ainsi faite sur son cas, bénéficier d'une ordonnance ou d'un arrêt de non-lieu.

Nous ne pouvons reproduire ce long mémoire, mais nous nous efforçons d'en présenter une analyse suffisante.

Après avoir expliqué, pour écarter tout préjugé défavorable, l'origine toute naturelle de ses relations avec Arton ainsi qu'avec M. Barbe et M. Leguay, le député de Vaucluse s'efforce de montrer ce qu'il y a d'improbable dans les faits qu'on lui impute.

On lui aurait donné 100,000 francs — les anciens carnets d'Arton disaient 250,000, ce qui prouve que l'accusateur n'a pas même pris soin de se mettre d'accord avec lui-même — et il se demande pourquoi.

Administrateur et actionnaire de la Société centrale de dynamite, dans les actions de laquelle toute sa très petite fortune était placée, il avait un intérêt de premier ordre à ce que l'entreprise de Panama réussît; l'opinion publique se manifestait partout en faveur de la proposition de loi dont l'adoption permettrait à la Compagnie d'émettre des valeurs à lots; enfin le côté grandiose et patriotique de l'entreprise le séduisait. Il était naturellement acquis aux projets de la Compagnie.

Celle-ci n'avait donc pas besoin de chercher des moyens inavouables pour acquérir son concours. Il a étudié le projet dans les débuts et il s'en est occupé jusqu'au moment où son entrée dans le boulangisme l'a reporté vers d'autres horizons, mais sans que jamais on lui ait proposé, sans que jamais il ait eu à refuser la moindre rémunération.

D'autre part, s'il est vrai que la Compagnie n'avait pas de motifs pour le corrompre, elle en avait d'excellents pour s'en abstenir.

M. Naquet était depuis 1885 en rapports avec le général Boulanger; il connaissait depuis vingt ans le comte Dillon; il agissait dans la coulisse boulangiste bien avant d'agir au grand jour. Dès les débuts de 1883, on l'avait beaucoup poussé à prendre une part active à la direction ostensible du mouvement. Il avait cédé à ces sollicitations. Dès avril 1888, il était entré ouvertement dans le nouveau parti. Lorsque la proposition de loi vint au Sénat, il y avait perdu toute influence, il n'y avait plus que des ennemis. Quels services aurait-il pu rendre à la Compagnie? Aucun. Du reste, il ne s'y occupa pas de la loi, ne fut pas membre de la commission, ne parla pas dans la discussion publique et vota silencieusement.

Qu'est-ce donc que la Compagnie aurait rétribué? Seraient-ce des études, des conseils donnés au début, alors qu'il s'agissait d'introduire la loi à la Chambre et de l'y faire triompher?

Ici nous citons le Mémoire :

« J'affirme que cela n'est pas. Mais si cela était, je l'avouerais sans ambages, car cela n'aurait rien de délictueux. Le crime de corruption exige que le corrompu ait accompli pour de l'agent un acte de sa fonction. Or ma fonction était au Sénat et non à la Chambre. Ce qu'on aurait pu rétribuer criminellement, c'eût été mon vote au Sénat, ou mon influence dans la même Assemblée si j'en avais eu une, ou mes discours ou mes rapports si j'en avais prononcé ou écrit. Mais rien de cela ne s'est produit.

« Par contre, donner des conseils sur le mode le meilleur d'introduire la loi à la Chambre, voire même — à supposer que je l'aie fait, ce dont je ne souviens pas, mais ce qui n'est pas impossible — sur les plus aptes par leur talent à la faire aboutir, alors que je n'étais pas député moi-même, ce ne serait point avoir fait acte de corrompu. Au prix de cent ou de cent cinquante mille francs, ce travail aurait été payé cher ; mais il n'aurait rien de contraire aux lois, à moins que de corrompu on ne voulût me transformer en corrupteur.

» Mais il faudrait établir pour cela que j'aie négocié des questions d'argent avec des députés, et je défie bien qui que ce soit d'établir cette calomnie. Si je l'avais fait, il se serait bien trouvé un honnête homme dans le nombre qui aurait refusé, qui m'aurait chassé et qui le dirait aujourd'hui à la justice ! Où est-il ?

» Ai-je introduit Arton auprès de quelques personnes? Cela se peut, quoique je ne me le rappelle pas. J'avais confiance en lui à ce moment-là, pleine et entière confiance ; je ne connaissais pas la mission qu'il prétend aujourd'hui avoir accomplie. Eh bien! personne ne m'a jamais reproché, personne ne me reproche à cette heure de lui avoir adressé un corrupteur. Personne ne vient dire à la justice qu'il ait été l'objet d'une tentative de corruption et que le corrupteur lui ait été adressé par moi. Je ne vois donc pas que l'on puisse plus raisonnablement m'incriminer comme corrupteur que comme corrompu. »

Cette argumentation subsidiaire nous paraît très forte, et M. Naquet aurait pu l'étayer des arrêts de non-lieu rendus en 1893 en faveur de M. Albert Grévy et de M. Léon Renault.

» On a reproché à M. Naquet des lettres, une entre autres écrite à Arton et dans laquelle il lui aurait dit en substance qu'il ne pouvait pas s'occuper du travail parlementaire à la Chambre, n'y ayant aucune action, mais que ce travail parlementaire pourrait fort bien être fait par Saint-Martin dont il vantait les qualités. Cette lettre aurait été suivie d'une seconde portant en *post-scriptum* qu'il pouvait s'adresser à Saint-Martin qui consentait à s'occuper de la question. Ici encore, nous citons :

« Eh bien! qu'est-ce que cela signifie? Que je n'avais pas d'action à la Chambre, que je ne pouvais m'y occuper du travail parlementaire, c'est-à-dire du travail de propagande et de racolement pour les bureaux le jour de l'élection, — travail auquel on se livre toujours, lorsqu'on attache de l'intérêt à un projet de loi, — et que je supposais que Saint-Martin pourrait le faire. Quant au *post-scriptum* de la seconde lettre, il prouve que, pour être agréable à Arton, j'avais parlé trois jours plus tard de la chose à Saint-Martin. Mais cela même établit qu'il n'existait aucune entente antérieure entre nous. Ces lettres, que l'on nous oppose, à Saint-Martin et à moi, devraient être citées par la défense et non par l'accusation; elles sont toutes à mon avantage; elles confirment toutes mes assertions.

» J'ai, en effet, reconnu que je me suis occupé de la loi sur les obligations à lots. Je m'en suis occupé, comme de toutes celles au succès desquelles j'ai tenu, avec ceux qui pensaient comme moi, et j'y ai apporté une certaine ardeur qui m'est naturelle; mais jamais, ni chez M. Burdeau ni chez moi, — puisqu'on a parlé des réunions qui y ont eu lieu, — il n'a été question de corruption. C'est à cause de cela que j'ai pu écrire les lettres qu'on m'oppose. S'il s'était agi de corruption, il est vraisemblable que j'aurais eu au moins la prudence élémentaire de ne pas me compromettre par des écrits. Je voyais Arton et Saint-Martin presque tous les jours, et je n'aurais pas, dès lors, sans motifs, forgé des armes contre moi-même. Ces deux lettres démontrent mon entière bonne foi. »

M. Naquet passe ensuite rapidement sur l'incident Bastelica. Il demande au juge d'entendre M. Delahaye. Ce dernier l'avait avisé en 1893 que Bastelica était allé lui proposer de divulguer — moyennant finances — les preuves que, disait-il, il aurait eues en mains. Il ne doute pas que l'ancien député d'Indre-et-Loire ne confirme cette affirmation, et il demande, par suite, s'il y a lieu de discuter les dires d'un homme qui a cherché à vendre sa déposition, dires auxquels d'ailleurs il oppose le démenti le plus formel et le plus absolu.

M. Naquet aborde enfin le point fondamental de l'accusation, les mouvements de fonds opérés par lui en 1888, qu'Arton avait connus par les confidences qu'il avait eu l'imprudence de lui faire à cette époque, et dont sans doute le calomniateur doit essayer de tirer parti en faisant coïncider les dates avec ses prétendus versements. C'est ici surtout que le camoire doit être textuellement cité :

« Ces sommes ont une origine des plus naturelles. En 1888 et en 1889, j'ai eu à en manier de beaucoup plus importantes (mes dépôts n'ayant été que partiels) à cause du boulangisme.

» M. le comte Dillon, je l'ai dit, me connaissait depuis de longues années. Nos rapports dataient de plus de vingt ans. Il savait que je connaissais à fond le personnel politique et il me considérait comme une recrue à laquelle il voulait bien attacher quelque valeur.

» Toute grande entreprise exige des mouvements de fonds. M. le comte Dillon — vrai ministre des finances — pouvait, par lui-même, se livrer à certaines dépenses nécessaires. Mais il y en avait dont il lui était difficile de s'occuper parce qu'elles se rapportaient à des catégories spéciales qui n'étaient ni de sa compétence ni de celle du général Boulanger. Lorsque je consentis à prendre, dans le parti revisionniste, le premier rôle après le général, il me chargea de ce service. Les sept élections du février 1888 avaient eu lieu. On prévoyait la radiation du général des cadres de l'armée ; les négociations se précipitèrent, et le 13 mars, cette radiation ayant eu lieu, j'entrai immédiatement en fonctions et reçus, de ce chef, une première et très importante mise de fonds. C'est sur cette somme, dont je fis différents autres usages, mais dont je ne voulais pas garder chez moi ce dont je n'avais pas l'emploi immédiat, et que je tenais à éparpiller un peu à cause des poursuites que nous n'avons jamais cessé de craindre, que je déposai 50,000 francs dans une banque tant en mon nom qu'au nom de (ici le nom d'une tierce personne que nous n'avons pas à citer) et que j'eus l'unique malheur de m'en ouvrir à Arton.

» Le même fait s'est renouvelé six mois plus tard et plus tard encore, en 1889, j'ai touché des sommes considérables en vue des élections. De ces dernières, mais de ces dernières seulement, je puis justifier l'emploi, parce que cet emploi n'avait pas comme celui des premières un caractère secret.

» J'ai parlé du comte Dillon. Je ne doute pas que, appelé par la justice, il ne confirmât tout ce que je viens de dire. Je crois aussi que M. Arthur Meyer, qui fut l'intermédiaire entre les bailleurs de fonds de M. le comte Dillon, s'en souviendrait et le confirmerait de son côté.

» Le général Boulanger lui-même, qui avait eu nécessairement connaissance de ces faits, s'est cru en droit de me les reprocher lorsque les délégués du comité se séparèrent de lui.

« Ce droit, il ne l'avait pas. Son affirmation était fausse et je la démentis. J'ai reçu des sommes d'argent du comte Dillon, directement, pour le service dont j'étais chargé et dont je me suis acquitté, de l'argent politique comme le général en recevait de son côté pour les dépenses qui lui incombaient. Cela ne m'inféodait à lui à aucun degré, ne créait aucun lien de vassalité entre nous. C'est ce qui me permit de lui opposer une dénégation.

» Il n'en reste pas moins certain que le général a voulu se faire une arme contre moi des sommes que j'avais reçues, comme si je les avais reçues de lui et si j'en avais bénéficié. Cette accusation, qu'il serait facile de retrouver dans les journaux de l'époque, et qui a été publiée, je crois, en *post-scriptum* dans les *Coulisses du Boulangisme* de M. Mermeix, vient apporter une preuve de plus à celle qui résulterait sûrement des déclarations que feraient M. le comte Dillon et M. Arthur Meyer s'ils étaient appelés pour *établir, sans contestation possible*, l'origine des sommes que j'ai déposées dans une banq... 1888. »

Après cette réfutation, M. Naquet suppose qu'Arton, dont les dépenses démontrent qu'il a extorqué plus d'un million à la Compagnie de Panama, a dû se le faire donner en l'attribuant à des parlementaires qu'il savait favorables à la proposition de loi et qui n'ont rien connu de ses tristes négociations.

Il suppose, en outre, qu'il a répandu dans le monde le bruit de la corruption universelle dans l'espoir de faire naître la crainte d'un scandale, crainte dont il espérait bénéficier pour n'être poursuivi ni à cause de l'escroquerie qu'il venait de commettre au préjudice de la Compagnie de Panama, ni à cause de celles qu'il pourrait commettre — et qu'effectivement il a commises — plus tard.

Trompé dans ses espérances, arrêté, extradé, il s'est livré à des tentatives de chantage, et c'est lorsque la conscience de ceux auxquels il s'adressait s'est refusée à l'acte méprisable qu'il attendait d'eux, qu'il s'est décidé à ses dénonciations calomnieuses contre un grand

x:ombre de personnes, et notamment contre
M. Naquet à qui il devait tout, car c'est ce
dernier qui l'avait sauvé en 1885 (ou 1886?) de
la misère et de la faillite.

M. Naquet conclut ainsi :

« Non ! je n'ai jamais été ni corrompu ni
corrupteur. Je suis un honnête homme indemne de toute pensée mauvaise et de toute
souillure morale. Je suis la victime d'un criminel dont mon seul tort est d'avoir fait mon
ami sans le connaître suffisamment et aux me-
naces duquel, n'ayant rien à me reprocher,
je n'ai pas voulu céder. Il me paraît impossible que la vérité n'éclate pas aux yeux de
la justice et que, devant l'évidence de ma
démonstration, une ordonnance ou un arrêt
de non-lieu me soit refusé, si même ma santé
m'empêche d'affronter l'emprisonnement. Une
telle décision judiciaire ne serait qu'un hommage rendu à la vérité qui est une et qui ne
saurait tenir à la présence ou à l'absence du
prévenu. »

Tout au début de son mémoire, et dans le
même ordre d'idées, M. Naquet proteste contre la supposition que son départ serait un
aveu de culpabilité.

« Rien ne serait plus faux, dit-il. Ce serait là une de ces affirmations banales et con-
venues qui ne répondent à rien dans la réalité objective.

» La loi ne fait pas une obligation à la
justice de refuser des ordonnances ou des
arrêts de non-lieu à qui n'est pas présent.
Je me fais une idée assez haute de l'impartialité et de la droiture de la magistrature française pour être certain que mon éloignement
ne l'empêchera pas de m'en faire bénéficier si
j'arrive à la convaincre qu'il n'existe aucune
preuve contre moi en dehors de l'allégation
d'un criminel de droit commun, et que je suis
innocent du crime qu'on m'impute ; et, con-
fiant dans la justice de mon pays vis-à-vis de
laquelle mon départ ne saurait être une
preuve, j'ai voulu me soustraire à l'éventualité d'un emprisonnement même de courte
durée. Je suis âgé, usé par le travail, maladif et
soumis depuis plus de quinze ans à un régime
sévère qui seul m'a fait vivre jusqu'ici, ainsi
que pourraient l'attester les docteurs Levou et
Bouchard. Le régime de la prison me condui-
rait sûrement et promptement à la tombe. La
mort, il est vrai, ne m'a jamais épouvanté et
m'épouvante moins encore aujourd'hui dans

les circonstances pénibles que je traverse. Mais je dois à ma famille, à laquelle je suis utile encore, d'éviter cette éventualité. Voilà pourquoi je me suis provisoirement réfugié sur le sol britannique. »

Nous avons analysé avec autant de soin que possible le mémoire de M. Naquet, laissant la parole à son auteur aussi souvent que les nécessités du journalisme nous l'ont permis.

Nous n'avons pas à prendre parti, ne connaissant pas les éléments du procès. Mais il est certain que s'il n'y a pas de charges plus graves contre le député de Vaucluse que celles qu'il relève, et si l'origine des sommes reçues par lui en 1888 est irréfutablement établie, aussi bien par M. le comte Dillon et par M. Arthur Meyer que par les accusations rétrospectives du général Boulanger, il sera difficile, nous semble-t-il, qu'une ordonnance ou un arrêt de non-lieu lui soit refusé.

JULES RATEAU.

Ceci est entièrement de ma main

A. Naquet

La libre parole du 16 juin 1892 — Sixième année — n° 1884

LE PANAMA

Une lettre de M. Naquet

M. Le Poittevin a reçu hier la visite de Mᵉ Coulon, l'avocat de M. Naquet, qui lui a donné communication de la lettre suivante de son client :

Londres, 9 juin 1897.

Mon cher maître,

Vous voudriez me voir rentrer en France et je ne le désirerais pas moins que vous, étant bien décidé à venir présenter ma défense quand le moment sera venu.

Mais en ce moment-ci, ma santé est véritablement trop ébranlée pour que je veuille m'exposer à l'emprisonnement.

L'énergie morale et l'énergie intellectuelle sont intimement liées à la santé physique ; l'une et l'autre sont indispensables à qui veut présenter sa défense sous notre régime judiciaire, où tout procès criminel est une véritable lutte, une guerre entre l'accusé et ses accusateurs.

Je ne m'exposerai pas à engager ce combat avec l'infériorité les moyens qui naîtrait sûrement pour moi de mon état maladif aggravé par la prison.

Je ne rentrerai donc que si vous avez de M. Le Poittevin la promesse formelle que je demeurerai en liberté jusqu'au bout.

J'ajoute, mon cher maître, ne voulant donner lieu à aucune équivoque que si je rentre, c'est uniquement pour faciliter la régularité de l'instruction et pour enlever à M. le juge d'instruction et à la Cour le motif que, par un scrupule juridique dont la loi ne leur fait cependant pas une obligation, ils pourraient puiser dans mon absence pour se refuser à rendre une ordonnance ou un arrêt de non-lieu, mais nullement pour me prêter par mes réponses au mode de procédure actuel.

Ennemi acharné de la procédure secrète contre laquelle je me suis élevé toute ma vie, lorsqu'il s'agissait d'autrui, je ne m'inclinerai pas devant elle lorsqu'il s'agit de moi.

Si vous obtenez l'engagement que je demande, je reviendrai ; mais je suis déterminé à bénéficier au moins des droits que la loi reconnaît à tout accusé. Je ne répondrai pas un mot à l'instruction ; je n'y ouvrirai la bouche que pour y exprimer ma ferme volonté de ne pas répondre, et je demeurerai ensuite bouche close devant toutes les interrogations, devant toutes les confrontations, quelque monstrueuses et mensongères que puissent être les accusations formulées contre moi.

Je suis décidé à me défendre, j'en ai les moyens ; mais au grand jour de l'audience publique et non dans le cabinet clos d'un juge d'instruction, quelque honorable et impartial, d'ailleurs, que puisse être le juge : ceci n'a rien de personnel contre qui que ce soit ; je conforme ma conduite à mes principes, je me refuse à l'instruction secrète et voilà tout.

Si, dans ces conditions, M. Le Poittevin s'engage à me laisser en liberté jusqu'au jour du jugement ; s'il est décidé à ne pas user des pouvoirs que la loi lui confère pour essayer de me contraindre en m'emprisonnant à dévier de la ligne de conduite que je me suis tracée, vous n'avez qu'à me l'écrire, je rentrerai.

Sinon, j'attendrai l'heure qui me paraîtra opportune pour confondre mon calomniateur.

Veuillez agréer, cher maître, l'expression de ma gratitude et de mon absolu dévouement.

A. NAQUET.

Mᵉ Henri Coulon, avocat. — Hôtel Métropole, Londres.

Tous les autres journaux reproduisent cette lettre en ajoutant qu...

Lepoittevin a refusé les conditions

Le Matin du 2 juillet 1897 — 14ᵐᵉ année — nᵒ 4873 —

PANAMA A LONDRES

INTERVIEWS DE MM. DE LESSEPS ET NAQUET

M. de Lesseps ne dira rien au consul — M. Naquet se défendra — Histoires de M. Naquet — Le boulangisme et le Panama.

Notre envoyé spécial à Londres a vu M. Charles de Lesseps et l'a interviewé sur les derniers incidents du Panama. M. de Lesseps s'est tenu sur la plus expresse réserve et lui a déclaré que, n'ayant rien à dire devant le consul, il n'avait rien à dire à un journaliste.

M. Charles de Lesseps a conclu :

— J'ai souffert plus que ma mesure peut-être. J'en ai assez. On m'a tout pris. Je demande maintenant d'avoir droit à la tranquillité.

Il résulte, en somme, de la conversation que notre rédacteur a eue avec M. de Lesseps que celui-ci est décidé à se taire plus que jamais sur tout ce qui concerne le Panama. Il prétend n'avoir rien a ajouter à ce qu'il a dit à la cour d'assises. Il se contentera de répéter au consul ce qu'il a déjà affirmé en maintes circonstances.

— Malgré cela, on persistera à croire que je ne dis pas la vérité, fait M. de Lesseps ; mais qu'y puis-je faire ?

Il apparaît donc que le juge d'instruction ne doit pas s'attendre à des révélations sensationnelles de ce côté-là.

En sera-t-il de même du côté de M. Naquet ?

Notre rédacteur a pu le joindre, ce qui n'est point, parait-il, chose facile. M. Naquet a là-bas une existence à laquelle rien jusqu'à ce jour ne l'avait préparé. Il fait son marché lui-même, ce qui ne dénote pas un état de fortune bien prospère.

M. Naquet a déclaré :

« — Je rentrerai à Paris demain si le juge d'instruction veut prendre l'engagement de ne pas me faire subir de prison préventive et je répondrai à toutes les questions qu'il me posera. De même, je suis disposé à répondre si M. Le Poittevin adresse ici une commission rogatoire. Mon avocat se hâtera de lui fournir le moyen de me trouver, tout en lui tenant mon adresse cachée pour que mon courrier ne soit pas intercepté.

» Mais ce que je n'admets pas, c'est d'être victime de notre système d'instruction, qui permet à un juge d'abuser de son pouvoir.

» M. Le Poittevin aurait pu suivre l'exemple de M. Franqueville, qui, lors du premier procès du Panama, a garanti la liberté aux inculpés jusqu'à leur comparution en cour d'assises.

La peur de la prison.

» Pour moi, je n'ai aucune envie d'aller perdre en prison le peu d'énergie physique qui me reste et sans laquelle il est impossible de préparer sérieusement une défense. Ma présence ici n'est donc qu'une protestation contre notre défectueux système d'instruction judiciaire, qui met tout inculpé à la discrétion d'un juge.

» — Quelles sont vos intentions pour l'avenir ?

» — Je vais attendre que la commission nommée par la Chambre ait reçu communication du dossier de M. Le Poittevin. Comme ce dossier devra être publié, je pourrai connaître enfin ce qu'il contient : j'aurai alors la possibilité de préparer ma réponse. Et, ainsi, au cas où je serais condamné comme contumax, j'aurais la facilité de faire reviser mon procès dans des conditions moins contraires à mon intérêt.

» — Croyez-vous que vous parviendrez à faire la lumière sur les actes et griefs qu'on vous reproche ?

» — J'en ai la certitude. J'affirme, en effet, à nouveau que je n'ai pas touché un sou du Panama.

» — Comment expliquez-vous qu'on ait ouvert une instruction contre vous ?

» — D'une part, je suis victime des calomnies d'Arton, et, d'autre part, on essaye de réunir des apparences contre moi grâce aux mouvements d'argent que j'ai opérés à l'époque du boulangisme.

» Sous le boulangisme, en effet, j'ai reçu diverses sommes du comte Dillon. Je les ai employées à divers usages. J'en ai même distribué à des collègues de la Chambre ou à des membres du parti national. Si je publiais les noms des bénéficiaires, beaucoup seraient fort ennuyés. A l'extrême rigueur, cependant, je suis prêt à montrer les reçus. Il est, notamment, exact que j'ai donné 50,000 francs à M. Saint-Martin. Je donne ce détail parce que M. Saint-Martin l'a avoué. Pour les autres, je les révélerais si l'évidence de mon innocence devait en résulter. Mais j'espère n'avoir pas à user de ce moyen.

» D'où venaient, maintenant, ces sommes d'argent que je reçus du comte Dillon pour les besoins de notre parti ? Je l'ignore. Je ne puis pas davantage affirmer si quelques-unes provenaient du Panama. Je sais seulement — pour l'avoir appris au moment les élections de 1889 — que le comte Dillon tenait la plupart de ses ressources de la duchesse d'Uzès et des orléanistes. Ce que je garantis, c'est que, *personnellement et pour des usages personnels*, je n'ai rien touché du Panama.

Arton.

» Mais, comme Arton, qui était alors mon ami, était au courant des mouvements d'argent que j'opérais, j'imagine que, le jour où il a voulu se venger de moi, il a tenté d'établir une correspondance plus ou moins exacte entre ces opérations et des chiffres qu'il a pu marquer sur ses carnets.

» — Mais pourquoi Arton veut-il se venger de vous ?

» — Je dois dire que, depuis longtemps, je suis l'objet de sollicitations de la part de Mlle Arton. Elle est très habile, cette petite (*sic*) ! Je ne sais si elle a cru à la fable, répandue par les journaux antisémites, d'après laquelle les juifs donnent volontiers de l'argent pour aider leurs coreligionnaires. Quoi qu'il en soit, elle était persuadée que, soit personnellement, soit par des amis, je pouvais donner ou procurer de l'argent à sa famille.

» Arton est d'autant plus dangereux qu'il a pris un véritable empire sur tous les juges d'instruction avec lesquels il a eu affaire. La petite histoire suivante, qui est absolument inédite, le prouvera.

» Un jour, Mlle Arton vint me prier d'aller chez le juge d'instruction M. Espinas pour faire une déposition en faveur de son père. J'allai donc trouver M. Espinas, non pas pour faire une déposition favorable à Arton, mais pour fournir quelques renseignements sur lui, relatifs, notamment, à son rôle dans la Société de dynamite. M. Espinas ne tarit pas d'éloges sur son client. Il lui trouvait une intelligence remarquable.

Les travaux d'Arton.

« Tenez, me dit-il, Arton travaille en
» ce moment à un parallèle entre la jus-
» tice anglaise et la justice française. Entre
» autres choses, il fait observer qu'en
» France, dès qu'un juge d'instruction con-
» naît son métier, on lui donne un autre
» poste pour le récompenser, tandis que,
» en Angleterre, on augmente ses appoin-
» tements. Le résultat du système français,
» c'est qu'un juge d'instruction mène rare-
» ment une enquête à bonne fin. Arton a
» absolument raison. Ainsi, moi, je ne sais
» pas le premier mot de l'affaire du Pana-
» ma, et on m'en confie l'enquête, que l'on
» retire à un collègue qui commençait à pé-
» nétrer les secrets de l'affaire ! »

» Arton a sans doute pris pareil ascendant sur M. Le Poittevin, puisque ce juge obéit à toutes les inspirations de ce condamné de droit commun.

» Aussi, c'est de Londres que je continuerai à attendre que les choses se remettent au point, et c'est tranquillement que je veux voir venir les événements.

» Mais, en vérité, j'en ai assez de la politique, qui m'a valu tant de désagréments immérités. Donc, aux prochaines élections, je suis bien décidé à refuser toute candidature. »

Ce fut la conclusion de M. Naquet.

Le matin du 5 juill. 1898 — 14me année — n° 4810

UNE LETTRE DE M. NAQUET

Points précisés — Le boulangisme et Panama — D'où venait l'argent.

M. Alfred Naquet nous envoie de Londres une lettre dans laquelle il précise certains points de l'interview qu'un de nos collaborateurs a eue avec lui, et que le *Matin* a publiée il y a quatre jours :

Vous me faites dire, à propos des sommes reçues par moi du comte Dillon : « J'en ai même distribué à des membres de la Chambre et du parti national. Si je publiais les noms des bénéficiaires, beaucoup seraient fort ennuyés. A l'extrême rigueur, cependant, je suis prêt à montrer les reçus. »

Je me suis bien gardé de rien préciser de la sorte. Ainsi que je l'ai établi dans mon mémoire au juge, une partie des sommes ont servi aux élections, et de celles-là je puis justifier par des reçus ; mais une autre partie a eu le caractère de fonds secrets, et de celle-là je ne puis faire connaître l'emploi, même par des indications générales. Pour ceux-là seuls qui font appel à mon témoignage, comme mon ancien collègue M. Saint-Martin, je puis me considérer comme dégagé du secret.

Vous me faites dire également, un peu plus loin :

« D'où venaient maintenant ces sommes d'argent que je reçus du comte Dillon pour les besoins de notre parti ? Je l'ignore. Je ne puis pas davantage affirmer si quelques-unes provenaient du Panama. »

J'ai dit que je ne connaissais pas, en 1888, l'origine de l'argent du parti boulangiste, que je n'en ai appris l'origine qu'après le premier tour de scrutin de septembre 1889, par Laguerre, qui venait de l'apprendre lui-même. Mais je n'ai jamais dit ne pas être fixé sur ce point actuellement, et encore moins que je ne puis pas affirmer davantage si quelques fractions de cet argent provenaient du Panama.

J'affirme, au contraire, de la manière la plus
nette, la plus absolue, que le parti boulangiste, en tant que parti, n'a eu aucun rapport
avec la Compagnie de Panama, qu'il n'a reçu
absolument aucune somme de cette compagnie et que les sommes qu'il a maniées ont
eu, dans leur intégralité, une origine exclusivement politique.

Westminster Gazette of the 2nd September 1897
Vol. X. no. 1409

FRANCE AND ENGLAND.

By a French ex-Senator.

After the disasters of 1870 France spent several years in recover-
ing herself and in reorganising her affairs, military and financial.
The object of this reorganisation, inspired by M. Thiers, Gambetta,
and even by MacMahon, was revenge on Prussia. As was remarked
at the time, the nation, in spite of her internal disorders, which had
never been so severe, appeared, from an outside point of view, to
be "hypnotised by the gap in the Vosges."

But from 1883, after Gambetta's death, a gradual modification
took place in our external policy; the aspect of affairs since
then has materially changed. It is now nearly two years
ago since a distinguished Italian savant, M. Canizzaro, at
that time Vice-President of the Roman Senate, on his return
from Paris made the following statement: "It is with great
surprise that I perceive the continual opposition of the
French newspapers to the Russo-German alliance. The
Franco-Russian alliance, far from being a hindrance (?) to the
alliance of France with Germany, is on the contrary the bridge by
which such *rapprochement* is to be made. Russia has no grievance
against Germany, but she has against England. Her efforts will
be directed towards the formation of a new Triple Alliance of
France, Germany, and herself against England." And he added
that, in spite of the bonds actually existing between Italy and the
Central Powers, it would be towards England that Italy would turn
in the event of this new grouping taking place. I have recalled these
words many times since: after the Japanese War, the representa-
tion of France at the Kiel celebrations, the moral support given
by the French Press to Germany at the time of the Emperor
William's famous telegram to President Kruger after the Jameson
Raid, and especially the Anglophobic campaign encouraged by our
principal newspapers since M. Hanotaux has been Minister of
Foreign Affairs all show that M. Canizzaro's words were pro-
phetic. Of course I do not pretend that the British Government
has not had a share in this evolution. In 1870, England, usually
so quick to see where her true interests lie, did not grasp the true
aspect of affairs. She did not foresee the enormous commercial and
industrial development which would accrue to victorious Germany;
she felt a certain satisfaction at the humiliation of her hereditary
rival, and when a far-seeing author published, under the name of

" Battle of Dorking," a humorous criticism of the foreign policy of England, the country remained unmoved, and refused to recognise the serious danger that had been pointed out. England has, too (a Frenchman may say it), laid herself open to the attacks which have been made on her on our side of the Channel, by her Egyptian policy. But all this does not in any way justify the policy towards which the Republic is more and more inclining.

After all, it was first Freycinet, and afterwards the Chamber, who refused to take Egypt, and if that is not a sufficient excuse for England's action in postponing indefinitely the promised evacuation of Egypt, at all events it is a fact which should calm our anger and modify our demands.

This policy of the Méline Cabinet is full of dangers. To begin with, ancient feuds between France and England have left on both sides latent bellicose feelings that it might not be difficult to rouse into life. On the other hand, there is no doubt that democracies are pacifically inclined. Under oligarchical systems, where those who direct the war do not fight, or if they do so only in the character of chiefs, the warlike spirit has scope in the governing classes, and from them spreads to the ignorant masses : all are Jingoes and debaters. During the reign of Louis-Philippe it was sufficient to accuse a Minister of a tendency to peaceful policies in order to ensure his unpopularity. But then we only had 200,000 electors whose sons did not fight, and the rest did not count.

Things have changed since then. To-day everyone serves in the army, and all alike study the effect and consequences of war. Gambetta spoke the truth when he said, in a private conversation and with a certain sadness, these memorable words : " We no longer have soldiers, but the sons of electors."

Certainly it would not do to give to this expression a meaning or significance which is not warranted. France, like America, Switzerland, or the ancient democracies, is patriotic. Were she attacked, she would know how to defend herself against the enemy, and none would shirk the duty of defending our menaced homes. But the more she is determined to act thus resolutely should the necessity arise, the more is she desirous that the event should not occur, and the more anxious is she to be spared so terrible an ordeal. This double sentiment is in perfect accord with the policy of present Governments.

No Frenchman would dare to own, even to himself, that he was resigned to the loss of our eastern provinces, but everyone trusts to some vague operation of justice in the dim future to restore to us these separated territories.

To retake Alsace and Lorraine means a war with Germany, a land war, in which everyone would be a soldier. To drive England from Egypt would mean a naval war, and if all are soldiers, whence would come the sailors ?

From the point of view of an exclusively naval war the present situation is similar to that of fifty years since, and our sailors, brave men and accustomed to danger, among whom the inherited hostile feeling towards Great Britain is most prevalent, are in willing sympathy with the general sentiment. It is an essentially human law that when man (always inclined to believe that which he wishes to be) has to decide upon a question of duty, he is inclined to persuade himself that his duty lies where his interests and desires are found.

The French people would fight Germany or would fight England were it compelled to do so. But, if a choice were forced upon her, and at the same time impressed with the fact that the English people was its true enemy, *this new Carthage which must be destroyed*, it is to be feared that the wish to avoid a Continental war would induce it to decide in favour of this war with England solution ; but in the eyes of the true politician and philosopher against its true interests, and what is more serious, contrary to the interests of civilisation.

Of course we have all applauded this Franco-Russian bond, and are ready to do so again if it assures us a support against Germany, and if Alsace and Lorraine are not the price thereof. But if it means the ignoring of our most sacred demands, then we must have the courage to repudiate it.

At the present moment there remain but two bulwarks of liberty, France and England. Were one of these to be destroyed, liberty would indeed be in a poor way and humanity would have seriously retrograded. This is a truth of which both Englishmen and Frenchmen should be convinced. For myself, my convictions on this point are so profound that were the German Emperor spontaneously to offer me Alsace and Lorraine as the price of our alliance with him against the United Kingdom, and if it depended upon me to refuse or accept, I should refuse.

Let us imagine the lost provinces restored to France, France herself victorious in her new Triple Alliance, enlarged maybe by the annexation of certain Franco-Belgian provinces—not that I would desire this addition, for I do not admit the right to dispose of people against their will—let us imagine England at the same time stripped of her colonies, ruined, beaten down, and struck from the map of the nations.

What would become of victorious France ? With her stationary population, in the face of the colossus of Russia, and of the Empire of Germany, before these despotic Powers, ruled by a master hand, one of which, at least, consists more of an army than of a people, what would be her situation ? Flushed with victory and glory as would be her army, she herself would occupy but an inferior position, as did Greece before Rome. Her language would be cultivated, her poets and her orators fêted and made much of, but politically she would be but a préfecture of Berlin or of St. Petersburg.

Perhaps, were the conquerors to fall out among themselves, France would enjoy for a moment a position of importance before the world, but it would be but for a moment, the last flicker of the dying flame. On the other hand, so long as flourish those two seats of liberty, Paris and London (to which could be added Rome, at any moment that England resolutely wished it), so long will despotism intrigue in vain, in vain use force or wile. The peoples ruled by despotism will be themselves conquered by the contagion of ideas, and barbarism will recede day by day.

My firm opinion, therefore, is that whatever happens, whatever mistake the British Government may make—were it even to make it impossible to arrange a diplomatic or military alliance between

France and England even so the duty of France, in her own interests, and still more in the interests of civilisation, would be to decline any alliance with Germany against England. But this duty, obligatory on the French Government, and ignored, it would seem, by M. Méline's Cabinet, is none the less obligatory on the English Government.

The moment that this duty of universal enlightenment has been accepted, details will arrange themselves. It is only when a superior principle has been disregarded that divisions arise over secondary questions. The ruling principle here is the mobilisation of all the moral forces of the world. — UN FRANCAIS PATRIOTE.

Alfred Naquet

Le Figaro du mardi 5 8bre 1897 (43me année — 3me série — n° 278)

M. ALFRED NAQUET

rentrera-t-il ?

Londres, 3 octobre.

Il était intéressant, après l'arrêt de la Chambre des mises en accusation, dans le procès de Panama, de connaître les sentiments et les intentions de M. Alfred Naquet. Par l'intermédiaire de son aimable avocat, Mᵉ Coulon, nous lui avons demandé quelques instants d'entretien qu'il nous a accordés avec plaisir.

A première vue, M. Alfred Naquet nous a paru très souffrant : les traits se sont creusés ; les yeux sont enfoncés et un vieux catarrhe chronique, qui s'est aggravé, détermine des quintes de toux assez réitérées.

— Vous me voyez, nous dit le député de Vaucluse, et vous pouvez dire vous-même si je suis en état de supporter le régime de la prison.

» Dès que j'ai connu l'arrêt de la Chambre des mises en accusation me décrétant de prise de corps au même titre que mes coaccusés, j'ai pensé que cela faisait tomber le mandat d'arrêt lancé par M. Le Poittevin contre moi ; j'ai supposé, en outre, que, comme on n'exécutait pas l'arrêt de prise de corps contre mes compagnons d'infortune, on ne l'exécuterait pas davantage contre moi-même. J'ai aussitôt prié mon excellent défenseur, Mᵉ Henri Coulon, de s'assurer des intentions du Parquet sur ce point, m'engageant à rentrer si on me laissait en liberté provisoire, comme je m'y étais engagé il y a plusieurs mois vis-à-vis de M. Le Poittevin.

» M. Le Poittevin avait alors rejeté ma requête. M. le procureur général, par une lettre très courtoise mais très nette, adressée à Mᵉ Coulon, la rejette également aujourd'hui.

» Même aux yeux de ceux qui peuvent me supposer coupable, la faute, pour grave qu'elle fût, ne serait pas de celles que la loi frappe de la peine de mort, et c'est la mort certaine que m'apporterait l'emprisonnement préventif. L'acquittement pourrait me rendre la liberté, mais ne me rendrait pas la vie. Je ne rentre pas.

— Comment vous expliquez-vous que l'on mette tant d'obstination à vous refuser la liberté provisoire ?

— Je me l'explique dans une certaine mesure. Les magistrats voient d'un mauvais œil que l'on se soustraie à l'action de la justice. Ils auront craint de donner un exemple qui pourrait me valoir des imitateurs. Je vous avoue cependant que le refus qui m'est opposé, pour n'être pas inexplicable, ne me paraît pas moins étonnant. Je ne suis pas — vous me permettrez ce mot — le premier venu. J'ai rendu à mon pays quelques services qui auraient pu me valoir sa bienveillance jusqu'au jour où il serait établi que j'en suis devenu indigne. Tout le monde, d'ailleurs, connaît l'état délabré de ma santé. Alors que la justice met hors de cause — et pour ma part je m'en félicite — mon ancien collègue M. Levrey à cause de l'état de sa santé, je crois qu'on aurait pu, sans créer de précédent, laisser libre jusqu'au jour de sa comparution en Cour d'assises un homme qui, actuellement en sûreté et se rendant volontairement à l'appel de la justice, montrait par là qu'il n'avait aucun désir de s'évader.

— Ainsi, en somme, vous considérez qu'il y a eu à tout le moins vis-à-vis de vous un refus de bienveillance ?

— Vous comprenez la réserve qui s'impose à un accusé en parlant de la justice. Mais, puisque vous le voulez, je serai franc. Je n'ai jamais cru à la « grande corruption du Panama », dont on a tant rebattu les oreilles du public depuis des années, et je suis bien convaincu que tous ceux qu'a accusés le misérable dénonciateur, qui me rend sous cette forme les services que je lui ai rendus, sont aussi indemnes que je le suis moi-même.

» Mais enfin je ne puis pas ne pas être frappé de la différence de traitement des uns et des autres. Arton a nommé plus de trente noms : on n'en poursuit que huit. Pourquoi ? Parce que, dira-t-on, on n'a pu relever que contre huit des présomptions ou des preuves.

» Eh bien ! laissez-moi vous dire que j'ai lu tout au long le réquisitoire définitif et que, si cet argument était valable, le chiffre de huit aurait dû être encore réduit. Contre Laisant, par exemple, le réquisitoire ne formule pas, je ne dirai pas une preuve, mais même l'apparence d'une présomption, et cependant on retient Laisant.

» Il est évident que l'on a fait un choix et, sans vouloir incriminer personne, sans savoir qui en est responsable, sans rechercher même si la chose n'a pas été faite inconsciemment, en vertu d'un état d'esprit dont on ne se rend pas compte, je suis obligé par la vérité de constater que le procès actuel n'est pas le procès promis du Panama. C'est le procès de Naquet et du boulangisme. »

Etonné d'entendre le député de Vaucluse parler du boulangisme, nous lui avons demandé quelques explications de plus à ce sujet.

— Mais c'est bien simple, a-t-il repris.

» Si vous lisiez le réquisitoire définitif, vous y verriez que tout est dirigé contre moi. Sur 30 pages qu'a ce document, 20 me sont presque exclusivement consacrées. C'est moi qui ai tout vu, tout fait, tout préparé. Pour un peu Arton serait une innocente victime que j'aurais entraînée à mal.

» Et puis, qui groupe-t-on à côté de moi, tandis qu'on a bien soin d'en éliminer d'autres ? M. Saint-Martin, boulangiste ; M. Planteau, boulangiste ; M. Laisant, boulangiste. Il est vrai qu'on y ajoute M. Henry Maret, M. Rigault, M. Antide Boyer et M. Gaillard. Mais trois radicaux et un socialiste ajoutés aux boulangistes ne déparent pas le tableau.

» Ce n'est pas tout. Le désir de faire un procès archaïque au boulangisme est tel que l'on a cherché à compromettre indirectement le général Boulanger lui-même dans le procès.

» J'ai expliqué, vous vous le rappelez, qu'en 1888 j'avais touché des fonds du parti boulangiste et que, en attendant leur emploi, les fonds avaient donné lieu de ma part à des placements temporaires. Je pensais qu'Arton se rappellerait les dates de ces mouvements de fonds qu'il avait connus, et les ferait coïncider avec les époques auxquelles il prétendait m'avoir remis de l'argent. Je supposais donc, puisqu'il m'accusait d'avoir reçu de lui cent mille francs, qu'il affirmerait m'en avoir remis 50,000 en mars et 50,000 en juillet.

» Mais on ne se souvient pas de tout. Arton avait en partie oublié, et, maladroitement, il a prétendu m'avoir remis en une fois, en juillet, les 100,000 francs.

» Seulement, alors, rien ne concordait plus : mon mouvement de fonds de juillet ne correspondait pas au versement supposé d'Arton, puisqu'il était de 50,000 au lieu de 100,000, et mon versement de fonds de mars ne pouvait plus provenir du Panama puisqu'Arton affirmait ne m'avoir rien remis avant le mois de juillet.

» Comment sortir de là ? Avec une dose sérieuse d'imagination on s'en est tiré et, je suis si certain que cela résulte d'un mauvais état d'esprit bien plutôt que du désir de fausser la vérité, que, j'en suis convaincu, le magistrat qui a imaginé cet absurde roman doit être très fier de lui-même et se croire un Christophe Colomb.

» On a donc imaginé ceci, que l'on a étayé sur quelques paroles vagues de M. Cottu : en mars, j'aurais touché, non pas d'Arton, mais directement de la Compagnie de Panama, 50,000 francs destinés, non pas à moi, mais au parti boulangiste. Ces 50,000 francs, je me les serais appropriés, je les aurais placés. Mais en juillet, recevant les 100,000 fr. d'Arton, je les aurais restitués, et voilà comment je n'aurais plus placé alors que la moitié des 100,000 francs que j'aurais touchés. De cette façon tout s'explique : mon versement de mars qu'on n'incrimine plus, mon versement de juillet réduit à 50,000 francs, et... il ressort de tout cela que le général Boulanger était dans l'affaire, qu'il recevait de l'argent de la Compagnie de Panama, et que l'arrêt monstrueux de la Haute Cour le frappant comme concussionnaire se trouve tardivement justifié.

— Ainsi donc, avons-nous demandé au député de Vaucluse en l'interrompant, vous prenez votre parti d'un exil perpétuel ?

— Non certes, a-t-il repris, je ne prends pas mon parti de ce qui se passe. La vérité se fera jour et plus tôt qu'on ne le pense.

» Mais laissez-moi vous dire que je me préoccupe peu de ce qu'il adviendra de moi. J'aime profondément mon pays auquel j'ai donné ma vie et j'espérais lui consacrer les quelques années qui me restent à vivre. A cette heure encore et malgré les calamités imméritées qui m'accablent, je lui donnerais volontiers mon existence si elle pouvait lui être bonne à quelque chose. Mais, puisqu'on m'a mis dans l'impuissance de l'utiliser, la question de savoir où je la terminerai est sans importance.

» Une seule question demeure importante pour moi : la question d'honneur. Et pour celle-là (quoi que puisse faire la Cour), le jury la tranchera par un acquittement général dont moralement je bénéficierai. Les mobiles du procès sont trop évidents pour qu'il en puisse être autrement.

» Le jury ne permettra ni ces attaques rétrospectives et sans fondement contre un parti qui est mort, mais qui n'a pas mérité les responsabilités infamantes qu'on essaye de faire peser sur lui ; ni ce choix des personnes, qui permettra de terminer une longue agitation malsaine par l'abandon de quelques boucs émissaires jetés à l'opinion publique. Il lavera l'innocence outragée par un condamné qui semble s'être substitué aux pouvoirs publics.

» Voilà pourquoi je ne crains pas le verdict des jurés. Voilà pourquoi j'irais, avec une entière sérénité, répondre devant eux de mes actes. Mais on veut me faire subir une prison préventive que je n'ai pas méritée et qui me tuerait. Je m'y soustrais. »

C'est sur ces mots que nous avons quitté le député de Vaucluse, malade, mais plein d'espérance et convaincu, dit-il, que, « d'une manière ou d'autre, la vérité se fera jour et qu'il ne se passera pas longtemps avant qu'il soit lavé des calomnies répandues contre lui ».

Un témoin.

Le Gil Blas du dimanche 17 8bre 1897 (19e année — n° 6,544)

Interview d'Alfred Naquet

Londres, 15 Octobre.

Arton ayant récemment manifesté le désir, auquel le juge d'instruction s'est hâté de condescendre, de revoir M. Lepoittevin pour lui adresser de nouvelles révélations, nous avons désiré savoir ce que pensait de ce nouvel incident, M. Alfred Naquet, qui a mis le plus grand empressement à nous recevoir. Le rhume dont il souffre l'ayant même mis dans l'impossibilité de sortir, c'est dans le petit appartement qu'il habite, qu'il a bien voulu nous donner rendez-vous, sous la promesse formelle que nous ne ferions pas connaître son adresse : il tient par dessus tout à éviter les curieux, et estime que, dans sa situation actuelle, il doit borner ses relations à ses vrais amis, tant anglais que français. — Il est juste d'ajouer qu'ils sont encore nombreux, et que le *donec felix eris* ne s'est pas jusqu'ici réalisé pour lui.

L'appartement qu'il habite est des plus modestes. Une vaste pièce à peine meublée, qui sert de salon et de salle à manger, et une petite chambre à coucher attenante. Un bureau près de la fenêtre, quelques livres et c'est tout.

Nous demandons d'abord au député de Vaucluse quel est l'état de sa santé. Il nous répond simplement : Que vous dirai-je de plus à cet égard que je n'ai dit déjà à ceux de vos confrères avec lesquels je me suis trouvé en rapport? Ma santé est précaire depuis de longues années, et je n'ai pu que par des soins et une hygiène sévère me maintenir en état de remplir mon mandat. Ce n'est ni le climat humide de Londres, ni la nourriture anglaise, ni les chagrins qui sont de nature à la remettre. Mais parlons de choses plus intéressantes si vous le voulez bien... La *Libre Parole* ne manquerait pas de dire que j'ai pleuré dans votre gilet, et je n'appartiens pas à la catégorie des hommes qui pleurent. Je sais faire tête à l'adversité.

— Quel est, avons-nous alors demandé à M. Alfred Naquet, votre sentiment sur les nouvelles révélations qu'Arton, s'il faut en croire les informations des journaux, se propose de faire?

— Je n'avais pas lu les informations dont vous me parlez, mais elles ne m'étonnent pas. Arton a fait une fournée boulangiste et radicale, ça sera maintenant le tour des opportunistes en attendant celui des conservateurs.

— Vous croyez donc que des opportunistes et des conservateurs soient compromis?

— Ah! que vous me comprenez mal ! Je suis à cent lieues d'une supposition pareille. Ils ne sont pas plus compromis que ne le sont les 7 victimes actuelles que l'on sert en holocauste à une opinion publique rétrospective; il n'y a pas plus de coupable parmi eux qu'il n'y en a parmi ceux qu'on livre en ce moment à la cour d'assises. Mais pourquoi Arton ne calomnierait-il pas ceux-là comme il a calomnié ceux-ci ?

— Quel est donc son intérêt, d'après vous, dans ces délations ?

— Arton est très fin, très habile. Un de mes amis, qui était attaché à la Société de dynamite et qui en sortit lorsqu'Arton y entra, me disait récemment, en parlant de lui : « Je l'ai connu avant la lettre — la lettre qui, d'un juif, fit un bon catholique : Aron, Arton, vous comprenez. — Dès que je l'ai vu paraître, je me suis dit : il est plus habile que moi. Si je demeure, il trouvera le moyen de me voler ou de me compromettre. Je ne sais pas comment, mais il le trouvera, — et je partis. »

Est-il étonnant qu'un homme sur lequel ses amis d'enfance avaient une opinion pareille, ait inventé le roman du Panama et s'en serve ?

Vous me demandez quel est son intérêt en tout ceci. Mon Dieu ! Il est simple. Arton a été condamné à huit années de réclusion, peine bien méritée, celle-là, pour des faits bien réels et nullement chimériques. Sa principale préoccupation est d'éviter la maison centrale, de demeurer à la Conciergerie où — s'il faut en croire *l'Intransigeant* — on a pour lui des attentions délicates, et il y parvient.

En provoquant le procès dont je suis une des victimes, il a gagné un an : s'il parvenait à en provoquer un second. puis un troisième, il atteindrait un moment où il espère qu'il pourrait obtenir sa libération conditionnelle et qu'il arriverait ainsi à escpmoter la peine dont il a été frappé.

— Croyez-vous qu'il réussisse à provoquer de nouvelles fournées ?

— Là il est difficile de vous répondre. Je n'aurais jamais cru qu'il pût exercer sur l'esprit des magistrats l'influence dont il a joui et qu'il réussit à faire ce qu'il a déjà fait. Finira-t-on par comprendre sa manœuvre et l'arrêtera-t-on dans le jeu des sca... les auquel il se complait ? Je ne sais. Après ce que l'on a vu tout peut être considéré comme possible, puisque ce que l'on a vu, ce que l'on voit, faise l'impossibilité.

J'ai ici plusieurs amis anglais qui jugent les évènements à leur point de vue, ils ne reviennent pas de ce qui se passe, il ne peut pas entrer dans leur esprit que, sans aucune preuve, avec à peine quelques vagues présomptions, provenant de combinaisons bien mplsaines, sur la dénonciation d'un Convict. on ait pu frapper ainsi dans leur honneur et dans leur situation. des hommes honorables que jusque là jamais un soupçon n'avait effleurés. Toutefois, à la veille des élections, il est à présumer qu'on trouvera suffisante l'hécatombe des radicaux, et qu'on ne sera pas désireux d'y en joindre une d'opportunistes et de ralliés.

— Vous croyez donc que les magistrats se sont laissés influencer par des considérations politiques ?

— Loin de moi une pareille supposition. Je crois que les magistrats ont obéi à cet esprit qui anime, qui a toujours animé la magistrature française. Cet esprit, vous le connaissez, il consiste à considérer tout accusé comme coupable, à renverser l'ordre de la preuve, à demander à l'accusé d'apporter — ce qui est souvent malaisé, — la preuve de son innocence, tandis qu'en bonne justice c'est à l'accusation qu'il doit incomber de faire la preuve de leur culpabilité.

Les magistrats, même M. Lepoittevin, qui a montré unne telle partialité dans toute cette affaire, croient à notre culpa-Lilité et, le croyant, ils font ce qu'ils jugent être leur devoir, ce qui le serait sûrement si nous avions commis les actes dont on nous accuse.

Arton en a usé avec eux comme on en use suuvent avec des personnes auxquelles on parvient à laisser croire qu'elles ont inventé les choses qu'on leur a suggérées. Il leur a raconté des calembredaines, comme celle que je dénonçais l'autre jour, et ils ont cru les avoir devinées par un effort de génie. En tout cela, ils ont été victimes d'un criminel habile et, aussi, de cet état d'esprit que l'on ne connait pas en Angleterre, et qui, en France, paraît être le propre de leur profession. Je ne les accuse donc pas. Je me borne à déplorer qu'une série de braves gens aient à souffrir de cet état de choses, et qu'un criminel de droit commun ait raison d'eux.

— Et que comptez-vous faire en ce qui vous concerne ?

— Je n'ai rien à ajouter à ce point de vue à ce que j'ai dit au correspondant du Figaro. J'attends les événements. Comme Gambetta — quoique n'ayant aucune croyance religieuse — je crois à une certaine justice immanente dans l'humanité, et il me paraît impossible que cette lugubre comédie ne finisse pas par se dénouer, comme se dénouent la plupart des comédies, par l'éclat de la vérité et par la confusion du malfaiteur qui a combiné toute cette affaire. Cette heure de justice et de vérité, je l'attends avec confiance, mais je mentirais si je vous disais que je l'attends sans tristesse.

J'aime profondément mon pays, malgré les injustices dont je souffre : je ne suis pas de ceux qui médisent de leur patrie parce qu'ils ne sont pas traités par elle comme ils mériteraient de l'être, et la pensée qu'on a rendu stérile, — quelle que soit l'issue finale de cette sotte affaire — les quelques années qui me restent à vivre et que j'espérais consacrer à la France et à la République, cette pensée m'est particulièrement douloureuse.

Mais le philosophe, l'homme digne de ce nom, supporte l'infortune sans se plaindre et sans médire. C'est ce que vous me permettrez de faire aujourd'hui.

Après cet entretien, nous avons quitté le député de Vaucluse, profondément

abattu dans sa santé, affligé comme doit
l'être un homme de cœur dans des circonstances comme celles qu'il traverse,
mais n'ayant rien perdu de sa fermeté et,
malgré tout, de sa confiance dans l'avenir.

« J'ai toujours eu foi dans la puissance
de la vérité qui s'impose », nous a-t-il dit,
en nous serrant la main, et c'est sur ces
mots que nous l'avons quitté en lui sou-
haitant un prompt et heureux retour parmi nous.

P. ROYER

The Financial News du 1er 9bre 1897 (vol. XXVIII n° 4.097)

FRENCH FINANCIAL PROJECTS.

NEW BOURSE LAW, THE BANK OF FRANCE, AND THE TAX ON FOREIGN BONDS.

The French Chambers are now discussing three Bills dealing with finance, two of which especially excite the same interest abroad as in France. The Chamber will have to give its vote upon a clause in the next Budget, according to which a new tax upon foreign securities is to be imposed; and the Committees of the Senate are examining the Bills concerning the renewal of the charter of the Banque de France, and that which is to settle the differences between the Agents de Change and the Coulissiers on the Bourse, a matter already fully referred to by our special Paris correspondent on Wednesday last. The project of MM. Trarieux and Boulanger, as will be remembered, proposes to solve the problem in this way: On the one hand the existing Agents de Change are to receive an indemnity equal to the purchase price of their privileges, still preserving, however, under the new law the free exercise of their profession; on the other hand, every person fulfilling the conditions of solvency, honour and nationality, may henceforth follow the calling of a broker, under the permanent control of a disciplinary board, the powers of which would be very wide.

A representative of THE FINANCIAL NEWS has had a chat on these subjects with M. Alfred Naquet, the well-known French Deputy, and former member of the Senate. M. Naquet was instrumental in passing the famous divorce laws, and was also responsible in 1885 for a law dealing with the reorganisation of the Paris market. The ingratitude of his colleagues has obliged him to seek a temporary domicile on our hospitable shores. To the question, "What is your opinion of the Trarieux-Boulanger Bill?" M. Naquet replied:

"In principle I am hostile to all privileges, and would, therefore, record my vote in favour of this Bill as far as its general outlines are concerned, according to which the actual brokers would receive an indemnity, and the market would become free, regulated, however, as in England and the United States of America. This would be a move in the right direction, as, under the Empire, was the establishment of brokers on the Bourse de Commerce. This reform did not produce any perturbation in commercial operations, and I do not see why a similar reform could not be introduced on the Bourse."

"Are you sanguine of its becoming law?"

"No! I very much fear that nothing will result, in spite of all these proposals. It is impossible to ignore the fact that there exists in the French public mind a retrograde tendency with regard to speculative business. For more than sixty years the representatives of the most advanced party have clamoured for the freedom of time-bargains, and the upshot of this campaign was the law of 1885, being a triumph for the demands of the economists and progressives. But to-day, under the influence of false ideas, which the Socialist party has disseminated amongst the public, a reaction against this law of liberty has been caused. Just as Liberals and Republicans have always protested against every kind of monopoly, including that of the Agents de Change, there exists now a tendency to monopolise and bring everything under hard-and-fast rules. Hence the difficulties which the Trarieux-Boulanger Bill will encounter."

"But there is an official Bill?"

"Yes, but of that Bill, which the Minister of Finance is said to be preparing, I know nothing, and cannot therefore venture to discuss it. In any case it will be nothing to boast of—to judge by that Minister's previous achievements. What characterises the present political situation in France is that no one party speaks in the language of liberty of the Revolution, and one is really embarrassed in order to ascertain which party is the more retrograde, the Moderates or the Radicals. One thing is certain, however—when it comes to passing more restrictive measures to deprive trade of its security, to drive capital out of France, and to hinder speculation in its most utilitarian sense there is no difference of views. The Protectionist Méline Cabinet is just as determined in that direction as would be a Collectiviste Jaurès Cabinet. Or, to be more accurate, the Socialists in these matters lead by the nose those who pretend to oppose them. It is very doubtful whether the two Chambers will come to an agreement, and the present state of things will still exist for some time."

"What about the renewal of the privilege of the Bank of France?"

"The Senate," M. Naquet replied, "will undoubtedly adopt the Bill agreed upon by the Chamber of Deputies, because there is no time to be lost, the privilege of the bank expiring on December 31 next. There will also be voted the incompatibility of a Governor of the bank being at the same time an elected representative of the people. Then there is the general Bill, not yet passed, which seeks to prohibit the holding of any office in any public company by a deputy or a senator. A similar instance occured, when about fifteen years ago Deputy Raspail brought in a law similar to this, but met with no success. An amendment, however, forbidding the holding by a deputy or senator of a directorship in the Compagnie Transatlantique was passed, and this private concern therefore rejoices in a special law."

"As a last question, would you kindly give me your opinion about M. Cochery's new tax upon foreign securities?"

"It is perfectly useless, and will be far from bringing 12,000,000f., as estimated, to the coffers of the State. The prestige and prosperity of France, however, will suffer greatly. The Minister of Finance instead of gaining fresh revenues, will drive the dealing in foreign securities from the Paris market, and Brussels or London will reap the benefits. Only in course of transfer operations will this tax be possible. Those who now possess securities cannot be made to pay, and will safely lock them up; but should there be a necessity for a transfer the operation would be conducted in London or in Brussels."

Lettre à Camille Flammarion sur son livre
Stella

———

Londres le 12 décembre 1897

Monsieur

Je viens d'achever la lecture de votre beau, de votre très beau livre « Stella », Car les tristesses d'un ciel immérité ne m'empêchent pas de m'intéresser aux grands problèmes de la science & de la philosophie, & je ne puis résister au désir de vous adresser mes vifs & sincères Compliments d'abord, & ensuite, si vous le permettez, de vous soumettre quelques idées de Critique.

Je ne professe, vous le savez sans doute, aucun sentiment religieux ; non que j'éprouve comme tant d'autres la moindre antipathie pour ces sortes limes, mais parce que je n'ai jamais pu réussir à les faire s'accorder avec ma raison, ce qui ne prouve pas, je me hâte de le dire, que ce soit ma raison & non la vôtre qui corresponde à la vérité. Mais j'ai étudié les dogmes, puis les divers Systèmes philosophiques, y compris la Théosophie à laquelle vous touchez de très-près. Aucun ne m'a paru reposer sur des bases assez solides pour asseoir une Conviction & dans tous, par contre, j'ai trouvé, à mon grand désenchantement — Car j'aurais désiré aboutir au résultat

Contraire —, des Contradictions qui m'en ont éloigné.

Toutefois, si je suis demeuré pour moi-même le libre-penseur, le matérialiste, l'athée que j'ai toujours été, je suis arrivé par l'expérience des faits à cette conclusion que, au degré d'évolution auquel est parv l'humanité, une religion est encore nécessaire; que, d'autre part, les vieux dogmes usés & démolis par la science ne peuvent plus engend que l'irréligion; qu'il faut une conception nouvelle plus pure, plus haute, qui réconcilie dans une pensée commune les religions du passé, & qui serve de Guide à l'humanité jusqu'au jo r — si ce jour doit luire jamais — où celle-ci sera assez évoluée pour qu'une simple philosophie rationnaliste puisse lui suffire. C'est même en me demandant si la théosophie ne renfermerait pas cette conception, que, sur les conseils & sous la direction de mon vieil & regretté ami Arthur Arnould, j'en avais entrepris l'étude. J'y ai trouvé trop de complications — la religion de l'humanité doit être relativement simple —, trop de Contradictions; il m'a paru qu'elle faisait une part trop large au spiritisme, aux faits que, à tort ou à raison, nous nommons surnaturels, & que revenir à la sorcellerie du moyen-âge par des histoires de Vampirisme ou de Lycantropie pourrait difficilement être envisagé comme une marche dans le sentier du progrès. Votre doctrine à vous est de beaucoup plus simple, par cela même moins abondante en affirmations contradictoires, et, le dirai-je, plus humaine en ce sens qu'elle ne nous pousse pas à l'ascétisme. Quoique sacrifiant encore trop selon moi à l'occultisme, elle va moins

loin dans la voie moyen-ageuse de la sorcellerie; enfin n'aboutissant pas à ce nirvana hindou, que, pour nos intelligences occi—
dentales, les théosophes auront bien de la peine à distinguer du
néant; elle s'accomode mieux aux habitudes pensantes des peuples civilisés. Elle pourrait donc, au grand profit de la fra—
ternité humaine, & avec des retouches secondaires, devenir la religion de l'humanité. Je le désirerais de tout mon cœur car
elle ne pousserait qu'au grand, au beau & au bien. Laisser
croire à l'humanité qu'il y a un au delà; que, suivant notre degré
personnel d'évolution, nos âmes devenues plus légères ou plus lourdes,
descendent ou s'élèvent, en raison de leur densité plus ou moins grande,
dans l'échelle des êtres; que nous faisons notre vie d'au delà le
tombeau comme nous faisons celle d'ici bas; qu'il y a là un Karma
qui nous étreint, & cela sans qu'il soit nécessaire d'admettre
l'existence d'un juge & d'un maître, par le seul effet de la loi
de nature (vous pouvez en effet — et j'ajoute même que vous devez-
supprimer Dieu et la prière qui sont des hors d'œuvre dans
votre religion, l'immensité de l'infini comparée au peu que nous
sommes ne laissant aucune place à l'idée de providence); laisser
croire cela à nos semblables — et bien qu'il y ait une certaine
antinomie entre cette doctrine du self-creating, pourraient,
il me semble, dire les anglais, et celle de la fatalité scientifique, du déterminisme, que vous affirmez dans votre
livre & que vous affirmez justement — ce serait donner

aux hommes une impulsion grande, noble, généreuse; ce serait raviver la foi sans laquelle on ne fait rien de durable, purifier les esprits, & nous éloigner de ce milieu de haine, de jalousie, de méchanceté, de boue, dans lequel nous pataugeons.

Donc, honneur à vous pour avoir écrit ce livre!

Mais ni vous ni moi n'appartenons à cette classe d'hommes qui besoin d'une religion pour faire leur devoir. Vous en avez une; mais vous pourriez vous en passer. Je n'en ai aucune; mais si j'en avais une comme la vôtre elle ne troublerait & ne modifierait en rien mon existence. Nous pouvons donc discuter ensemble le système philosophique en lui-même, indépendamment de l'influence qu'il peut exercer sur nos semblables, au point de vue de la vérité en soi, & c'est à ce point de vue que je demande à prendre le rôle de critique. Vous avez l'esprit assez large pour me le pardonner, & d'ailleurs on se donne la peine de discuter uniquement les œuvres qui vous passionnent et que l'on trouve assez élevées pour mériter le travail de la critique.

Et d'abord, si vous me le permettez, un petit détail. Je trouve que votre dernier chapitre & le voyage sur Mars de Stella & de Raphaël, auraient dû être évités, ou que, tout au moins, vous auriez dû vous borner à amener vos héros sur cette planète sans chercher à en décrire le milieu. Votre description me paraît, en effet, contradictoire aux lois de la vie.

Voilà une planète dont l'air est nutritif et où l'on n'a pas besoin de manger, donc de travailler pour vivre. Voilà une planète

où le corps astral se matérialise sans passer par la naissance & l'enfance, ce qui supprime du coup la maternité, la paternité & la sexualité. Voilà une planète enfin si heureusement constituée comme climat, que, la sexualité n'existant plus & la pudeur disparaissant avec elle, on pourra sans doute ne plus se vêtir. On n'aura plus à s'y préoccuper de l'existence & celle-ci pourra être exclusivement employée à l'étude des vérités éternelles.

Je crains bien que cette facilité de vie n'engendre l'absence d'émulation & de travail. Mais enfin admettons, si vous le voulez que je parle ici avec mes habitudes de terrien & qu'il n'en soit pas ainsi; admettons que l'évolution morale soit assez avancée parmi eux pour que les Martiens utilisent les avantages que leur ferait la nature & qu'une seule curiosité suffise à les pousser à l'étude de l'univers; une chose me frapperait encore : la disparition forcée de l'amour filial, de l'amour paternel & maternel & de l'amour sexuel. Car il n'y a pas à dire là où n'existe pas la génération ancestrale les formes de l'amour ne sauraient exister. Or, supprimer ces sentiments c'est supprimer ce qu'il y a de plus noble dans l'homme et dans les animaux; vous le reconnaissez si bien que vous prolongez sur Mars l'amour de Stella & de Raphaël.

La loi de la vie est la même dans le monde minéral & dans le monde organique. Dans le monde minéral nous observons l'amour des similaires: la cohésion, & l'amour des contraires: l'affinité. Dans le monde organique la cohésion s'appelle l'amitié & l'affinité j'appelle l'amour. Mais supprimez la polarité, la sexualité, et je ne vois pas de sexualité possible - là où les êtres ne s'engendrent pas les uns les autres, vous ne conservez plus que l'amitié, vous supprimez l'un des termes du dynamisme vivant, l'amour, c'est-à-dire la force la plus puissante, la plus active, la plus féconde.

Ce n'est pas tout. Stella & Raphaël ont conservé un corps fluidique en tout semblable à leur corps matériel terrien. Arrivés sur mars les corps se sont matérialisés, ainsi que la théosophie enseigne qu'ils peuvent le faire parfois sur notre globe, & voilà des martiens complètement constitués.

Mais le corps astral reproduisant le corps physique dans tous ses détails, il en doit être de même du nouveau corps physique dont il détermine la formation. Stella & Raphaël ont donc conservé leurs dents, un estomac, un intestin, des organes sexuels, tous organes inutiles sur mars. Est-ce bien là une chose vraisemblable ?

Ce n'est pas encore tout. Nous n'arrivons à nous assimiler complètement une langue, à nous imprégner des mœurs d'une société que parce que, nés enfants, nous nous sommes adaptés au milieu. Transportez nous adultes dans un pays étranger, nous ne parviendrons jamais à en posséder complètement la langue et les mœurs : j'en fais en ce moment la pénible expérience. Eh bien ! Stella & Raphaël arrivent sur mars comme je suis arrivé à Londres. Ils ne connaissent ni la langue ni les mœurs des martiens. Comment vont-ils s'assimiler l'une & les autres ? Comment vont-ils se fusionner dans cette société nouvelle ? C'est impossible & je trouverais plus rationnelle la donnée théosophique qui admet la réincarnation mais avec les renaissance, & les enfances nouvelles. Et puis je ne vois pas bien. — Car si nous avons une vie future nous devons avoir eu une vie antérieure — pourquoi sur Mars nous nous souviendrions de notre vie terrestre, tandis que nous ne nous souviendrions pas ici de la vie vécue ailleurs autrefois?

Il y a là des points de dogme à retoucher, à laisser dans l'ombre; & je regrette que vous ayez cru, à la suite de votre magistral ouvrage, devoir introduire ces conceptions purement imaginatives qui étaient inutiles à tout le moins.

Mais enfin ceci n'est encore que secondaire. La grande question, la question fondamentale, est celle qui consiste à savoir s'il y a pour nous un au delà.

Vous dites que l'astronomie conduit à cette affirmation. Il me semble à moi qu'elle conduit à l'affirmation opposée.

J'ai trouvé, dans votre livre, deux idées qui m'ont fait grand plaisir, parce que, sans les avoir jamais écrites, je les ai souvent pensées. L'une consiste à admettre la possibilité sur d'autres mondes d'êtres dans lesquels le silicium, le chlore & le phosphore, je suppose, joueraient le rôle du carbone, de l'hydrogène & de l'azote, où le soufre jouerait le rôle de l'oxygène, où l'on boirait du chlorure de soufre au lieu de boire de l'eau. Je n'irais pas jusqu'à l'homme incombustible parce qu'il faut toujours des liquides dans un organisme vivant. Mais ceci est un simple détail insignifiant.

La seconde idée consiste à supposer que, les espaces interastraux n'étant pas relativement plus considérables que les espaces intermoléculaires & interatomiques, les systèmes solaires peuvent être assimilés à des molécules dont les soleils & les planètes seraient les atomes, & les univers à des êtres gigantesques dans lesquels le soleil remplirait la même fonction, par exemple, qu'un atome d'oxygène en nous. Cette idée est grandiose & souvent elle s'est présentée à mon esprit.

Seulement, alors qu'elle vous en rapproche, c'est elle qui m'éloigne, au contraire, de l'immortalité. Supposez que les globules de notre sang eussent sentiment & pensée. L'un pourrait apercevoir l'autre à des distances immenses. Les plus intelligents s'élèveraient peut-être à cette conception qu'ils font partie d'un être gigantesque inaccessible à leurs regards, & peut-être en rencontrerait-on qui diraient : « la vie serait sans but si nous ne devions pas jouir de l'éternité. L'étude de notre rôle organique démontre notre immortalité. »

Et cependant vous ne croyez pas à l'immortalité d'un globule rouge ou d'un leucocyte. Ce sont des organismes qui naissent & s'évanouissent sans autre rôle que de contribuer, par leur passage éphémère, à la constitution & à la vie d'un être qui, par la comparaison de la durée de son existence avec la durée de la leur, peut leur paraître éternel.

Eh bien ! Nous sommes les globules sanguins ou les cellules organiques de ce grand être sidéral que vous entrevoyez & que j'entrevois comme vous, moins même que cela. Plus élevés, nous sommes des cellules plus conscientes. mais pourquoi serions-nous plus immortels ! Nous sommes pas sages comme eux quoique plus durables, & il est probable qu'il en est de même des êtres sidéraux constituant d'autres êtres sidéraux d'un degré supérieur. L'infini seul dans lequel nous sommes est éternel. Toutes les manifestations différenciées sont périssables, & je ne conçois pas notre éternité. L'astronomie, en faisant ressortir notre irrémédiable petitesse, le rien que nous sommes dans l'infini, doit nous éloigner de cette théorie prétentieuse de l'immortalité, compréhensible avec la doctrine de Ptolémée & du Catholicisme, mais inconciliable, me semble-t-il, avec des vues comme les vôtres.

Voilà le point fondamental de ma discussion. Il en est encore un cependant sur lequel je voudrais appeler votre attention, mais bien moins ici pour discuter que pour vous demander quelques explications.

Vous comparez le ciel à une forêt, les astres à des arbres qui naissent & qui meurent. Moi aussi, je suis frappé de cette ressemblance. Mais il y a un point cependant que je ne puis éclaircir.

Les êtres vivants, végétaux ou animaux, sont formés de substances organiques incomplètement brûlées. La vie, comme la mort, les réduit en leurs éléments minéraux oxydés que la lumière solaire ramène à l'état de combinaisons organiques & le circulus est indéfini.

Mais les astres? Composés de matière pondérable, ils semblent provenir de la condensation de la matière impondérable, de l'éther, de la substance astrale, comme vous voudrez l'appeler. Mais quand ils meurent que deviennent-ils? Nous n'avons jamais vu le retour de la matière pondérable à la matière impondérable. La chimie tout entière est même fondée sur cette loi que ce retour n'a jamais lieu, car, s'il avait lieu, adieu les équations chimiques! Les deux groupes matériels dont les symboles constituent les deux termes de l'équation n'auraient plus le même poids lorsqu'une partie de la substance pon-

rable aurait été, au cours de la réaction, convertie en substance impondérable.

Et cependant si des astres naissent & meurent, on ne peut pas supposer, malgré la durée de la lune, que leurs cadavres demeurés intacts roulent éter-nellement dans l'espace. Il n'est guère plus acceptable que toute la substance impondérable doive se transformer en matière proprement dite pour celle-ci finir un jour par s'agglomérer au centre de l'univers, ce qui serait la mort de l'infini. & dès lors ils doivent rentrer dans le grand réservoir d'où sortiront d'autres astres. Mais comment ! avez-vous des vues là dessus ?

Puisque je cause avec vous vous me permettez de le faire à bâtons rompus à mesure que les idées me viennent. Vous parlez dans votre livre de différences auxquelles on peut distinguer les fantômes des vivants des fantômes des morts. Vous croyez donc aux fantômes des morts. Je comprends à la rigueur cette croyance chez les théosophes. Ils admettent que les renaissances se font sur ce globe jusqu'au moment où, pour la continuation de la ronde, les sept races étant évoluées, la terre entrera en occultation. Ils admettent en outre que les renaissances sont séparées par des espaces de temps considérables occupées, la première, par le séjour de notre Kama-Rupa en Kama-loca, la seconde par la durée de notre séjour en Dévachan. Pendant notre séjour de purgatoire en Kama-loca, nous sommes, d'après les théosophes, dans les lieux antérieurement habités par nous, & nous pouvons apparaître en fantômes. Tout cela est bien compliqué, bien improbable à mes yeux ; mais enfin ce système ne renferme rien de contradictoire.

Mais vous, vous admettez que l'esprit va se réincarner dans une

autre planète dans renaissance. Mais alors, une fois réincarné sur mars
ou ailleurs, comment peut-il réapparaître en fantôme ici bas? C'est
d'une conception très-difficile.

Voilà, monsieur, les quelques observations que je désirais vous présenter, & que vous pardonnerez à mon matérialisme impénitent mais
involontaire. Je dis involontaire parce que je ne demanderais pas mieux
je vous l'ai déjà dit, que de croire ce que vous croyez. L'idée de
redevenir jeune sur mars et d'y étudier les vérités éternelles, en
partageant ma vie entre la science & l'amour, qui, par bien des
côtés, se touchent et se confondent, — et cela en dehors de toutes
préoccupations matérielles — me serait fort agréable. Malheureusement on
ne croit pas ce qu'on voudrait croire et cette conception ne parvient
pas à s'imposer à mon esprit. Je ne puis pas réussir à voir là
autre chose qu'un magnifique roman dont encore une fois je ne
saurais trop vous féliciter.

J'ajoute que la conception purement scientifique qui se déga-
ge de l'astronomie en général & de votre livre en particulier est
déjà assez grandiose sans qu'il soit nécessaire d'y mêler la fiction.

La vision de cet infini dans lequel nous ne sommes pas même
des atomes, mais dans lequel nous soupçonnons, non seulement des
humanités supérieures à la nôtre mais des êtres supérieurs à toutes
les humanités & dont les soleils sont les atomes; la vision des con-
naissances splendides, des sentiments divins, dirai-je dans l'ac-
ception matérialiste du mot, qui doivent se rencontrer là; la

pensée que si ces êtres meurent tous il s'en crée d'autres qui continuent leur évolution sublime ; l'idée que peut-être à un moment donné des communications pourront s'établir à travers les espaces interplanétaires, & que dès lors les efforts faits sur ce monde pourraient n'être pas plus perdus dans l'univers que les efforts d'un homme ne sont perdus pour l'humanité, tout cela me suffit, & quoique la fiction me fût plus agréable encore, j'aime mieux, même en ce temps là estimant qu'il est plus digne et plus grand de s'en tenir à ce qui est démontré ou à-peu-près démontré, que de ne-pas vouloir accepter sa destinée & de se consoler par des efforts d'imagination aboutissant à des contes de fées.

Pardon, monsieur, de cette longue divagation qui va vous faire perdre un temps précieux. Vous excuserez de la négligence un solitaire que l'injustice de son pays — auquel il n'en veut pas du reste — et sa mauvaise santé ont pour un temps à la terre étrangère, & qui, ne pouvant plus servir sa patrie & l'humanité dans la vie active, se rabat sur la contemplation de l'univers & sur les lectures qui élèvent l'esprit. C'est d'ailleurs votre faute si vous ouvrez trop d'horizons à vos lecteurs & si, en les leur ouvrant, vous leur donnez la démangeaison de vous écrire.

Veuillez agréer, monsieur, l'expression de ma très haute considération pour votre belle & grande intelligence & pour vos sentiments si purs & si élevés.

A. Naquet

P.S. J'ai dû ici, pour éviter les indiscrétions de la poste, prendre un nom d'emprunt afin d'y faire adresser mes lettres. Mon adresse est par suite; Joseph Simon esq. 5, Guilford place, foundling, London. W. C.

L'Intransigeant du lundi 27 Xbre 1897 (n° 6.375)

L'AFFAIRE ARTON

Une lettre de M. Naquet

M. Naquet a écrit au président des assises Tardif une lettre dans laquelle il demande à ne pas être jugé par contumace et prend l'engagement, si son affaire est disjointe du procès en cours, de venir présenter sa défense en juin prochain.

Voici le texte de cette lettre :

Monsieur le président de la cour d'assises,

Ma santé, depuis longtemps déjà fort mauvaise lorsqu'en mars dernier je quittai Paris pour éviter un emprisonnement préventif que je me sentais incapable de supporter, n'a fait que s'aggraver depuis, sous l'influence de lamentables évènements qui se sont abattus sur moi.

A l'heure actuelle, je me trouve, à un double point de vue, dans l'impossibilité de répondre à l'appel de la justice.

D'une part, M° Coulon, mon éminent et dévoué défenseur, m'a fait connaître que, en tout état de cause, je serais, en rentrant, obligé de subir une instruction complémentaire, c'est-à-dire l'emprisonnement préventif.

D'autre part, tout me démontre que le procès occupera au moins douze audiences.

Je connais les prisons de la Seine pour les avoir fréquentées en 1867, et je sais, par expérience, ce que l'on y souffre en hiver. On dut à cette époque, où j'avais cependant trente années de moins, m'en retirer malade après vingt-cinq jours de détention.

Détenu, Tardif, je saurais aujourd'hui, je n'opposerais pas à la maladie une résistance aussi longue.

D'ailleurs, même en supposant l'impossible que je fusse en mesure de résister à l'emprisonnement en plein hiver, il est certain que je ne résisterais pas à la fatigue physique et aux souffrances morales de douze audiences consécutives. Vous vous verriez probablement, à ce moment-là, obligé de disjoindre ma cause de celle de mes compagnons d'infortune et de la renvoyer à une autre session.

Dans tous les cas, je me trouverais assurément dans un état d'affaissement physique qui, à supposer qu'il fût insuffisant pour entraîner la disjonction, serait certainement suffisant pour donner l'illusion de l'affaissement moral et m'enlever, en tout état de cause,

les moyens de me défendre comme je dois le
faire, ce que vous ne sauriez désirer.

Je vous prie donc, monsieur le président, de
vouloir bien ajourner mon affaire et de me
permettre de venir présenter ma défense en
juin prochain. A ce moment-là, la tempéra-
ture plus clémente me permettra peut-être de
supporter la cellule de la Conciergerie, et,
étant jugé seul, je pourrai l'être en une ou
deux audiences sans avoir la perspective de
l'horrible et mortelle fatigue inséparable du
procès actuel. Je sais bien que j'en aurai toujours la faculté. Mais mon ardent désir serait
que, le jour où je pourrai enfin venir défendre mon honneur et ma liberté, menacés par
les plus monstrueuses et les plus abominables
calomnies, la situation fût entière, qu'une
condamnation par contumace ne l'eût pas,
jusque-là, entamée.

Le parent qui, avec l'appui de mon défenseur, vous présentera ma requête l'appuiera
de certificats médicaux.

J'estime que ce que je demande n'est point
une simple faveur : c'est un acte de justice,
une bonne justice exigeant que l'accusé ne
soit point placé dans des conditions d'infériorité pour présenter sa défense. J'ai foi, d'ailleurs, en votre impartialité, et c'est avec confiance que je vous prie, ainsi que M. le
procureur général, de faire droit à cette demande de sursis.

Veuillez, je vous prie, monsieur le président de la cour d'assises, agréer l'assurance
de mes sentiments respectueux.

A. NAQUET.

Le président des assises a versé cette
lettre au dossier. M. Naquet n'en sera pas
moins jugé par la cour — sans l'assistance
du jury — comme contumax, à l'issue du
procès actuellement pendant.

Nous croyons savoir que M. Naquet se
fera représenter par son avocat, lequel re-
nouvellera la demande de sursis, en produisant à l'appui trois certificats médicaux.

Monsieur le Président, Messieurs de la Cour, Messieurs les Jurés.

Vous allez prochainement rendre votre verdict dans l'affaire du Panama; et quoique je sois absent, vous allez être appelé à vous prononcer indirectement sur moi puisque vous aurez à répondre à cette question.

« Arton est il coupable d'avoir corrompu Naquet »

L'accusation et la partie civile ési

-xeusez d'obtenir de vous un verdict qui
me soit défavorable vous présentent ma
culpabilité comme établie. Suivant eux, je
l'aurais reconnue en partant.

C'est une singulière façon d'inter-
-préter les faits que de déclarer un homme
coupable par cela seul qu'il est absent; et
c'est contre elle que je veux protester auprès
de vous.

- Non! mille fois non! je n'ai pas
reconnu ma culpabilité; et, si l'on vous a
distribué comme je le pense, comme l'exige une
justice impartiale, le mémoire justificatif que
j'avais adressé à l'étonnant juge d'instruction

qui a mené de la manière que l'on
sait, toute cette affaire, vous y avez vu
que j'ai combattu pied à pied les calomnies
du misérable qui me récompense par la
plus noire des infamies des services
éminents que j'ai eu le malheur de lui
rendre.

Je suis innocent et ce que je vous
Demande, Messieurs les Jurés, c'est de ne
pas me juger sans m'avoir entendu.

Je reviendrai sûrement et avant peu
me faire juger contradictoirement. — Je
reviendrai confondre mon misérable accusateur
et je vous demande de laisser la question

entière pour vos successeurs.

Si je suis parti, ce n'est point pour me soustraire à l'action de la justice.
C'est parce que ma santé ne me permettait ni d'affronter la prison préventive, ni de supporter la fatigue écrasante et les émotions plus écrasantes encore de 12 ou 14 mortelles audiences consécutives.

Cette impossibilité a été constatée par les certificats de 4 sommités médicales qui me soignent depuis plus de 20 années, M. le Docteur Leven, dont l'immense compétence dans les affections nerveuses et les affections gastriques est connue du monde entier; l'éminent Professeur Bouchard)

Professeur à la Faculté de Médecine de Paris ; le Docteur Dubrisay, Chevalier de la Légion d'Honneur et le Dr Vigouroux Chevalier de la Légion d'Honneur et chef du Service Électrothérapique Municipal à l'Hôpital de la Salpêtrière.

À plusieurs reprises, j'ai proposé de rentrer si l'on me promettait la liberté provisoire ; une première fois, j'en ai fait présenter la Demande à M. Lepoitevin qui a refusé ; une seconde fois, après l'arrêt de la Chambre des Mises en accusation, j'ai renouvelé cette Demande auprès du Procureur Général qui a également refusé ;

...ne troisième fois, enfin, je l'ai reproduite
auprès de ce même Magistrat qui l'a encore
repoussée.

J'ai peut être bien de m'en féliciter
car si même, on me l'eût accordée, je
n'aurais pas résisté aux fatigues de
l'audience; j'aurais été hors de combat le
3e jour.

Il en sera autrement, lorsque étant
seul, je n'aurai à supporter cette fatigue
que pendant une audience ou deux. Alors
encore, ma santé en souffrira cruellement;
mais du moins, j'aurai l'espérance de conserver
jusqu'au bout assez de force physique pour
pouvoir défendre l'honneur de mon nom.

Du nom que porte mon fils.

C'est même dans ce but et non par la raison que je redouterais ainsi que l'a prétendu M. le Président, le climat de Paris, plus que celui de Londres, que j'ai demandé un sursis.

Je vous demande de laisser la question entière à vos successeurs qui auront à décider au moment de mon retour.

Je me borne aujourd'hui à protester et contre les paroles de l'avocat de la partie civile et contre le réquisitoire de M. l'Avocat Général et contre les infâmes déclarations d'Arton.

Arton a mêlé aux débats je ne sais quelle histoire de chantage relative à la Banque de France. Tout ce qu'il a raconté là est faux, archi-faux et sans aucun fondement. Je le prouverai aisément en racontant à mon retour, les faits sur lesquels est échaffaudée cette calomnie.

Jamais je n'ai été mêlé aux tripotages d'Arton et du Baron de Reinach, je n'ai vu celui-ci que trois ou quatre fois dans ma vie; jamais je n'ai eu avec lui aucune affaire; et s'il était vrai qu'il eût perpétré avec Arton à propos d'un amendement présenté par moi dans l'intérêt de l'épargne française les turpitudes dont

celui-ci m'accuse, j'y aurais été absolument
étranger. Je n'en ai jamais rien su.

Arton m'a inscrit sur son
carnet trouvé en 1892 pour 250,000 francs.
Depuis lors il oscille entre 150,000 &
200.000. Il ment.

Jamais! jamais! je n'ai reçu
un centime de lui, ni pour le Boulan-
-gisme, ni pour moi-même de la Caisse
du Panama ni d'ailleurs; jamais
mes parents n'ont été témoins d'aucun
versement de sa part; jamais elles ne
l'ont qualifié « d'homme de génie »

M. Cottu & M. Fontane prétendent
que 100000 francs m'ont été versés pour

les journaux boulangistes. Je veux bien
croire qu'ils les ont versés, puisqu'ils
l'affirment, mais que l'on entende à
nouveau M. Fontane et M. Cottu !
Est-ce à moi directement qu'ils les
ont versés ? Je suis tranquille sur
leur réponse.

Et si ce n'est pas à moi, si c'est
à un intermédiaire qui s'est servi de
mon nom et dans la poche duquel ils
se seraient arrêtés sans doute, quel est
cet intermédiaire ? Ne serait-ce pas le
bandit qui m'accuse et qui a acquitté
le chèque Mercié ?

On parle de versements que j'aurais

effectués le 21 Mars et le 19 Juillet verse-
-ment qu' Arton a évanoui de moi
et dont il profite pour essayer de
m'accabler par une concordance de
Date.

Cet argent, je l'ai reçu de la
caisse boulangiste. Je l'ai affirmé ; je
l'affirme encore et les Dépositions
de M. Laguerre et de M. le Comte
Dillon sont la pour établir que je
ne mens pas.

Des journaux ont prétendu
que M. le Comte Dillon avait déclaré
à l'instruction ne m'avoir rien remis
en Mars. Je n'ai rien vu de tel
dans sa déposition publique & j'ai lu

le contraire, Dans celle de M. Laguerre.

En tout état de cause toutes
les Dépositions sont d'accord pour
affirmer qu'avant le mois de juillet
j'ai eu le maniement De sommes
importantes Dépassant 850.000 francs

En ce qui concerne mon Dépôt
de Maze, je pourrais ne pas m'expliquer
puisque, acceptant le roman D'Arton,
on ne me poursuit pas de ce chef ;
puisque l'accusation reconnaît que
j'ai Dit vrai en affirmant que je tenais
ces fonds de la caisse boulangiste.

C'est tout ce que je retiens, tout
ce que j'ai Dit, tout ce sur quoi j'insiste

L'argent m'est venu de la Caisse Boulangiste. Je ne l'ai à aucun moment touché de la Compagnie du Panama

Maintenant, quelles étaient les origines de la Caisse boulangiste? Je les ignorais alors; je ne les ai connues que bien plus tard et peut être ne les ai-je pas connues toutes.

Si je voulais aussi faire des hypothèses et des romans je pourrais supposer à mon tour que, à mon insu, et conformément aux Dires D' Arton le Boulangisme aurait touché de l'argent de la Compagnie du Panama et me l'aurait ensuite remis en totalité

ou en partie sans m'en indiquer
la provenance. La coïncidence observée
entre mon versement et le chèque
Mercié s'expliquerait ainsi aisément
Mais je ne fais pas de roman
et je repousse cette hypothèse parce que
je connaissais la probité du Général
Boulanger. Je n'y crois pas et je préfère
m'arrêter à l'idée d'une coïncidence
savamment ménagée par mon méprisable
accusateur.

En tout cas ce n'est pas à l'accusé
qu'il appartient de faire la preuve de
son innocence. Le plus souvent c'est chose
impossible. C'est à l'accusation de prouver
sa culpabilité.

J'affirme avoir reçu l'argent que j'ai versé – et beaucoup plus – de la caisse Boulangiste et en avoir remis une partie à S.t Martin. La Déposition du Comte Dillon et de M.r Laguerre Démontrent péremptoirement que mon affirmation est à tout le moins vraisemble. De quel Droit et sur quelle preuve l'accusation établit-elle qu'elle sont fausse? Sur Deux coïncidences! Je vous Demande, Messieurs les Jurés, Si Deux coïncidences suffisent pour permettre qu'on ampute un homme De sa liberté et de son honneur.

Je ne veux point entrer Dans de

plus amples Détails; je ne puis discuter absent. Les Détails, je les réserve pour le jour où je pourrai m'expliquer face à face avec celui qui me diffame.

Mais, je le répète, il n'y a aucune preuve contre moi, aucune en dehors de ce versement expliqué et des affirmations d'un condamné à 8 ans de réclusion.

Entre la parole d'Orton et celle d'un homme que jusqu'à ce jour, jamais le moindre soupçon n'avait effleuré, je vous demande respectueusement quelle est celle qui mérite le plus de créance? N'est-ce pas celle de l'homme dont jusqu'ici l'honneur n'a jamais été contesté ?

Vous allez rendre un verdict qui demeurera mémorable dans l'histoire. Vous ne voudrez pas, je l'espère, en diminuer l'importance et la sincérité en préjugeant, par l'unique raison qu'il n'est pas là, le cas d'un homme qui ne peut se défendre en ce moment, mais qui prend l'engagement de le faire plus tard et bientôt. Vous êtes d'honnêtes gens désireux de rendre la justice et rien que la justice. Vous avez le dépôt de mon honneur ; j'ai l'entière confiance que vous le conserverez intact jusqu'au moment désiré où il me sera loisible de m'expliquer.

Messieurs les Jurés,

Je suis un homme politique. Je suis sur la brèche depuis 34 ans; depuis 27 ans j'exerce le mandat de Député ou de Sénateur.

A ce titre, j'ai coopéré à des lois importantes, et j'ai été mêlé à des mouvements qui ont passionné le pays.

Il est impossible qu'ayant été mêlé à tant d'événements, je ne me sois pas créé, comme tous les hommes politiques ou me, de nombreux amis et de nombreux adversaires.

Eh bien! je vous demande de ne tenir compte d'aucun de ses sentiments favorables ou hostiles, d'examiner mon cas avec la même impartialité que si j'étais un inconnu, un simple Prado ou un simple Pranzini; vous êtes des juges et la première condition de la justice c'est l'impartialité absolue.

Si vous déclariez Arton coupable de m'avoir corrompu, vous me condamneriez indirectement sans m'avoir entendu. Vous ne le ferez pas. Vous savez ce que c'est que l'honneur d'un homme; vous ne disposerez pas à la légère du mien.

A. Naquet.

90 Gt. Russell Street,
Bloomsbury, W.

Ceci est pour certifier que depuis le
mois de Mai de l'année courante, j'ai été
appelé à donner des soins à M᷉ Alfred
Naquet, demeurant 19 Woburn Pl. Russell
Square W.C., qui a souffert successivement de
l'estomac, de l'intestin, d'un rhume et de

douleurs névralgiques . J'ai constaté que ces diverses affections sont les manifestations variées d'une diathèse rhumatismale et d'une neurasthénie qui se traduisent par des troubles successifs des diverses fonctions. Dans cet état M.' Maquet pourrait difficilement supporter , sans danger, l'emprisonnement dans l'hiver, et les fatigues de plusieurs audiences consécutives de la Cour d'Assises.

(Signé): D.' J. Melandri ,
MOB. L.S.G.Z.

14 Déc. 1897.

90 Gt. Russell Street,
Bloomsbury , W.

Ceci est pour certifier que depuis le mois de Mai de l'année courante, j'ai été

appelé à donner des soins à M^r. Alfred
Naquet, demeurant 19 Woburn Pl. Russell
Square W.C., qui a souffert successivement de
l'estomac, de l'intestin, d'un rhume et de
douleurs névralgiques. J'ai constaté que ces
diverses affections sont les manifestations
variées d'une diathèse rhumatismale et d'une
névrasthénie qui se traduisent par des
troubles successifs des diverses fonctions. Dans
cet état Mr Naquet pourrait difficilement
supporter, sans danger, l'emprisonnement
dans l'hiver, et les fatigues de plusieurs
audiences consécutives de la Cour d'Assises.

(Signé): Dr J. Melandri,
MOB. L.S.G.Z.

14 Déc. 1897.

Je soussigné, Docteur en médecine de la Faculté de Paris, Directeur de l'Institut Municipal d'Électrothérapie à la Salpêtrière Chevalier de la Légion d'honneur.

Certifie avoir traité à diverses époques, depuis une vingtaine d'années, M. Alfred Naquet, Député, et avoir constaté chez lui des manifestations arthritiques diverses notamment une dyspepsie gastro-intestinale persistante avec des variations d'intensité, une bronchite chronique et surtout une débilité générale très accentuée et progressive.

Cet état de santé ne permet qu'une activité physique et mentale fort restreinte et impose des mesures d'hygiène rigoureuses

Paris le 26 Novembre 1897

Dr R. Vigouroux

Sur la demande de M. Luquet que j'ai soigné depuis 1881 et qui a été soigné aussi par M. le Professeur Bouchard, je vous adresse le témoignage du médecin.

Je certifie que son état de santé est très précaire; sujet à des bronchites qui se répètent, à des accès d'asthme, il est incapable de supporter l'atmosphère de la prison et je lui ai conseillé de ne

se présenter à la justice que si on ne lui
impose pas la clôture dans une cellule :

Veuillez recevoir l'expression de mes
sentiments distingués.

(Signé) Dr Levon
26 Champs Elysées

20 9bre 95

Je soussigné, Professeur à la Faculté
de Médecine de Paris, certifie que M.
Alfred Naquet est atteint depuis de longues
années de troubles digestifs surtout intestinaux
et d'une débilité nerveuse qui en est la
conséquence ; que cet état s'aggrave par
l'influence d'un régime alimentaire peu

soigné ou par l'action du froid et qu'il en
peut résulter des accidents sérieux, ainsi
que j'ai pu plusieurs fois le constater
chez lui ; que je considère, en conséquence,
l'emprisonnement avec les conditions
hygiéniques habituelles comme capable
d'exercer sur la santé de M. Taquet, une
influence funeste.

Paris le 29 Novembre 1897

(Signé) Bouchard

29. Novembre 1897

Depuis reçu de 40 ans, j'ai soigné mon ami

le Docteur Alfred Naquet, tantôt seul, tantôt avec le
concours de plusieurs de mes Confrères, son le professeur
Charcot, M. le Dr Leven, M. le Professeur Bouchard.

J'ai toujours constaté chez lui une constitution excess-
-ivement débile, si bien qu'en 1867 lors d'un procès
politique, j'ai dû le faire transporter pendant la prévention
même, de Mazas à l'Hôpital St Louis et plus tard à
la maison de santé Dubois.

Depuis 20 ans il est atteint d'une dyspepsie
chronique de l'estomac et des intestins qui se réveille
à chaque instant et le réduit à un état d'extrême
faiblesse.

J'affirme que dans ces conditions il est absolu-
-ment incapable de supporter les fatigues et les émotions
d'un long procès et qu'il y a lieu de disjoindre sa cause

de celle de sa vaccusée.

Dr Dubrisay
Membre du Comité Consultatif
D'Hygiène publique de France
& du Conseil des Hôpitaux
6. Rue Marengo

Vu pour certification Matérielle
De la signature Dubrisay apposée ci-contre
Paris le 29 9bre 1897
Le Commissaire de Police
(signé) Bureau

Le Figaro du mercredi 26 janvier 1898 (44e année — 3me série — n° 5)

CHEZ M. NAQUET
RETOUR D'EXIL

M. Naquet est un homme d'esprit; il cause comme un méridional qu'il est, doublé d'un savant de réelle valeur. Jeté dans la politique, il y montra une ténacité et une ardeur d'apôtre, et lorsque vinrent les mauvais jours, car les politiciens en ont toujours, ils le trouvèrent prêt à toutes les luttes, décidé aux pires extrémités, sauf celle d'aller en prison!

Tout homme a ainsi ses faiblesses! M. Naquet ne veut pas connaître la paille humide des cachots, et pour l'éviter, il sacrifierait sa tranquillité, ses travaux, sa famille, ses amis, peut-être même sa santé et sa vie.

Déjà sous le boulangisme, aux premiers bruits de poursuites et d'arrestations, il était parti vers la Belgique d'abord, vers l'Angleterre ensuite, où il attendit patiemment que l'orage de la Haute Cour fût passé.

Naguère, au moment où le doux M. Le Poittevin instruisait au Palais son affaire du Panama, il laissa entendre qu'il pourrait impliquer dans ses poursuites et arrêter préventivement M. Naquet.

Le soir même, M. Naquet passait la Manche devant même que les poursuites contre lui fussent autorisées par la Chambre. Les événements ont donné raison à sa manière d'agir, puisque le voici maintenant à Paris depuis quarante-huit heures, libre, souriant, heureux, attendant avec confiance le verdict du jury de la Seine.

Les quelques mois d'exil qu'il vient de passer en Angleterre l'ont cependant quelque peu vieilli, et je constatais hier, durant que nous conversions, combien avaient blanchi sa barbe et ses cheveux, naguère gris. Les cheveux, très épais et très blancs, encadrent de leurs larges boucles sa tête aux traits fins; la barbe broussailleuse semble avoir retenu de la neige à gros flocons; seuls, les sourcils sont noirs, et aussi quelques poils de la moustache. Mais l'œil est jeune, la bouche est nerveuse et la voix est nette.

Je l'interroge, et docilement il répond à mes questions, souvent indiscrètes.

Tout d'abord, quand il partit, il ne pensait quitter la France que pour trois ou quatre jours, le temps de régler à Londres certaines affaires personnelles. Il croyait si bien revenir qu'il ne s'installa pas et attendit son beau-frère avec lequel devait s'effectuer le retour. Le soir fixé pour le départ, il eut une syncope. Le lendemain, les journaux anglais lui apprenaient que M. Saint-Martin avait été arrêté la veille. Alors, il resta.

« C'est que voyez-vous, me dit-il, en aspirant une bouffée de son cigare, la perspective de faire de la prison préventive m'effrayait. Etant innocent, je ne reconnais pas à la Société le droit de m'emprisonner; et puis, je suis d'une santé tellement délicate qu'un rien suffit à l'ébranler. Je suis vieux, j'ai des habitudes, et les émotions me sont funestes. De plus, je me rappelais Sans-Leroy qui fit six mois de prison préventive, et un sort pareil ne me tentait pas. J'écrivis à M. Le Poittevin en lui disant que s'il voulait me garantir qu'il ne me ferait pas arrêter je rentrerais aussitôt. M. Le Poittevin répondit à Me Coulon, mon avocat, qu'il ne pouvait prendre un pareil engagement. Alors, je restai chez moi.

» Lorsqu'arriva le moment du procès, j'avais grande envie de venir me faire juger avec les autres membres du Parlement poursuivis, mais là encore des motifs de santé me retinrent. Venir à Paris, être arrêté, subir les épreuves de sept ou huit audiences, il n'y fallait pas songer. Au troisième jour, je n'eusse plus été qu'une loque. La moindre émotion agit sur mon organisme d'une façon toute particulière; le contre-coup s'en fait ressentir immédiatement sur mes entrailles et me donne la dysenterie. Alors, me voyez-vous, durant ces interminables audiences, demandant toutes les cinq minutes, comme un collégien à son maître d'études, la permission de sortir un instant? Je me serais couvert de ridicule et on aurait dit que c'était l'effet de la peur.

» Autre chose encore me retint : si j'étais revenu, le procureur général aurait pu requérir un supplément d'instruction et renvoyer toute l'affaire et tous les accusés à une autre session.

» De ce fait, mes co-accusés voyaient leur sort reculé d'un mois. Je n'avais pas le droit de prolonger leurs souffrances morales.

» Maintenant, me voilà; je comparaîtrai le 14 février devant les Assises, en pleine possession de tous mes moyens de défense. Ce qu'ils seront, je croirais manquer de correction envers le jury en les faisant connaître. Tant que j'étais loin de France, il m'était permis d'avoir recours à l'intermédiaire de la presse pour faire connaître ma pensée et expliquer mes actes. Aujourd'hui, ma situation n'est plus la même. Je suis dans mon pays et je vais comparaître devant la justice, fort de mon innocence et de ma conscience. Je dois me taire jusqu'au jour où je m'expliquerai devant mes juges. »

M. Naquet me parla ensuite de son séjour en Angleterre, de sa vie à Londres, des relations qu'il s'y fit et des opinions qu'il recueillit sur la France et les Français, toutes choses fort intéressantes, mais dont la place n'est point en cet article; puis nous nous quittâmes en nous donnant rendez-vous au Palais le jour du procès.

Jules Rateau.

Le Matin du jeudi 27 janvier 1898 (le matin n'a pas de numéro)

LES IDÉES DE M. NAQUET

INTERROGATOIRE DEVANT M. LE PRÉSIDENT

Retour de Londres — Après dix mois d'exil — Plus de politique — Plus de candidatures électorales — Ni regrets ni remords.

Rentré à Paris depuis trois jours, M. Naquet a subi, hier, après midi, un court interrogatoire devant M. le conseiller Delegorgue, qui doit présider la session de la cour d'assises qui jugera le député de Vaucluse. D'ailleurs, M. Naquet ne quitte que pour se rendre chez son avocat ou au Palais le petit appartement qu'il avait fait aménager à la veille de son retour en France, tout au fond des Batignolles, et où il cache une vie des plus modestes, ne consentant à recevoir que quelques rares intimes jusqu'au 14 février, jour où la cour d'assises prononcera son verdict.

Nous avons rendu visite, hier, à M. Naquet. Et, malgré le désir qu'il aurait de faire, désormais, très peu parler de lui. Il consent à nous dire quelle fut son existence à Londres et quelle sera maintenant sa vie en France.

« — J'ai passé dix mois en exil, nous dit M. Naquet, éprouvant de telles angoisses que je n'eus, surtout au début, le courage de rien faire, de rien dire. Je connaissais Londres et y avais plusieurs fois séjourné. Quelques amis fidèles m'y attendaient, et c'est parmi eux que j'ai laissé venir le jour où, les esprits étant plus calmes, le retour serait possible.

» Je parle mal l'anglais et ne le comprends, pour ainsi dire, pas. Comme je l'écris assez bien, je n'aurais qu'un faible effort à faire pour apprendre la prononciation et me perfectionner dans la langue ; mais je fus totalement incapable de cet effort. Rien ne m'était possible, aucun travail ni aucune distraction. Je vivais en solitaire, faisant des journaux français ma seule lecture et n'étant capable d'attention que pour ce qui touchait au procès. Lettres à mon avocat et à mes amis, mémoires relatifs à l'accusation dont j'étais victime, tout mon travail est là.

» J'eus, au début, pas mal de difficultés pour réussir à correspondre librement avec mes amis de France. On me surveillait sans cesse, on épiait mes moindres mouvements. Ma correspondance fut saisie plusieurs fois. Cependant je parvins à me dégager de cet espionnage si gênant, mais je dus prendre la précaution de changer souvent de nom et quelquefois de domicile. Je louais un modeste appartement meublé pour une livre et demie par semaine, puis, lorsque ma présence paraissait attirer l'attention, je portais ailleurs ma petite valise. Je fus, grâce à ces stratagèmes innocents, assez libre de mes actes ; je ne tenais, d'ailleurs, à cette liberté que pour pouvoir correspondre en paix avec mes amis de France.

La vie à Londres.

» Mes forces physiques, qui ne furent jamais brillantes, se trouvèrent amoindries par ces secousses morales, ces préoccupations constantes. Le climat de Londres ne m'était point contraire, mais les chagrins m'avaient anéanti. J'avoue que le verdict m'a rendu du courage. J'étais sûr du triomphe de ma cause, sûr qu'aucun jury ne préférerait croire la parole d'un Arton plutôt que celle d'un vieil honnête homme laborieux... Mais, cependant, les extraordinaires façons de M. Le Poittevin m'avaient plongé dans des inquiétudes profondes.

» Car, de là-bas, mon impression était bien celle-ci : qu'il était invraisemblable,

qu'il était fou qu'un magistrat pût appuyer son instruction, si difficile, sur la seule parole de cet homme, qui, sans preuves, sans autre document que ses carnets mensongers, accusait des parlementaires pour justifier ses dilapidations.

» — Que pensez-vous d'Arton ?

» — C'est un misérable. Il est venu chez moi sur une recommandation, s'est mis à pleurer sur son sort, à se plaindre des infortunes qui l'accablaient. Alors, moi, je l'accueillis avec bienveillance et voulus l'aider à vivre. Je le fis entrer à la Société de la dynamite.

» Il pouvait gagner honnêtement, avec la situation qu'il occupa bientôt dans la société, de quarante à cinquante mille francs par année ; mais il préféra, trouvant cela plus commode, escroquer quatre millions et accuser ensuite les gens avec lesquels il avait été en relations d'affaires ou ceux qui, comme moi, l'avaient aidé et encouragé dans ses débuts.

» D'ailleurs, de son accusation à mon égard que restait-il ? Rien, évidemment, après les catégoriques dépositions de Georges Laguerre et du comte Dillon. Il est bien clair, et chacun savait cela dans mon entourage, que j'avais eu des sommes assez considérables à ma disposition lors du mouvement boulangiste. Les mensonges d'Arton ne peuvent rien contre pareils témoignages.

» Il me tarde cependant que mon affaire soit définitivement liquidée, quoique je n'aie aucun doute sur l'issue de ce procès. J'ai trouvé près le procureur général un accueil bienveillant. Comme il me donnait son approbation pour mon retour en France et mon acte de soumission, je lui ai fait observer que, s'il avait bien voulu me promettre, ainsi que je l'avais demandé, que je ne serais point emprisonné préventivement, je serais rentré déjà pour comparaître au dernier procès. »

Projets d'avenir.

Nous demandons au député de Vaucluse quels sont ses projets d'avenir.

« — Je vais faire comme le sage : me remettre au travail. Mais je renoncerai à la vie politique et me consacrerai tout entier à mes études scientifiques.

» Car il ne faut pas que le moindre soupçon ait effleuré la vie d'un homme, au Parlement, s'il veut accomplir une œuvre. Avoir été accusé, même injustement, c'est offrir à ses adversaires un prétexte à des attaques qui nuisent à cette œuvre.

» Ce sont de bien déplorables mœurs ! Mais nous devons les subir, et je n'ai plus l'âge et la vigueur nécessaires pour les luttes en solitaire, en indépendant. Alors, que faire au Parlement ? Je souffrirais trop d'y jouer un rôle obscur, de m'y savoir voué à l'impuissance, de me sentir interdire la défense des causes que je voudrais faire triompher. Et des adversaires déloyaux, si j'élevais la voix pour mon idée, oseraient rappeler mon acquittement... et me le reprocher !

» Voilà la principale raison pour laquelle je compte renoncer à la vie politique. Il en est d'autres, secondaires, il est vrai. D'abord, je n'ai plus la force physique qu'exigent des campagnes électorales, et, malgré l'attachement que me gardent mes électeurs de Vaucluse, je redouterais d'entreprendre pareille bataille.

» Puis, ainsi que je le répondais à mon ami et défenseur, Me Henri Coulon, qui me parlait des belles causes à soutenir encore au Parlement, quelle action un réformateur aurait-il sur la future Chambre, qui me paraît devoir être pire que celle-ci, inaccessible à toute idée de progrès ?

» C'est pourquoi, après une rapide visite à mes électeurs de Vaucluse, auxquels je dois quelques explications, je compte me remettre au travail, écrire paisiblement, et je penserai seulement quelque temps plus tard, que je ne disparais pas tout entier et qu'une partie de mon œuvre survivra cependant. Je me retire donc, sans regrets ni remords. »

F. RAOUL-AUBRY.

(The Jewish World) from the 25 January 1898 (vol. 49 № 18)

THE ANTI-SEMITIC SCOURGE IN FRANCE.

INTERVIEW WITH M. ALFRED NAQUET.

THE ANTI-SEMITIC PARTY.

BENEFITS OF ZIONISM.

Recent events in France and the anti-Semitic excesses of the past fortnight make one eager to gain some authoritative information upon the status of the anti-Semitic party. With that object in view, I (writes a JEWISH WORLD representative) sought Monsieur Alfred Naquet, Deputy for Vaucluse, who has been staying in London, but returned again to Paris on Sunday last.

Joseph Alfred Naquet, to give him his full name, was born at Carpentras on October 6th, 1834. Having received his education first at the school of his birth-place and then at Montpellier, he subsequently went to Paris, where, in 1859, he took the degree of M.D. with the highest honours. The young doctor soon made a name for himself on account of his researches in the domains of chemistry, which he embodied in a volume which has been translated into several languages. In 1865 he became Professor of Physics at the University of Palermo, leaving in the following year to once again enter Paris as the Professor of Chemistry at the Medical Faculty. The year 1867 saw his entrance into the political arena where he has played such an important and leading *rôle*. M. Naquet has never ceased to be a preacher of and a fighter for freedom and democracy, and he took a prominent part in the events of the fourth of September, 1870. Soon afterwards, Vaucluse, which he still represents, sent him to the Chamber of Deputies. First a supporter of Gambetta, he subsequently broke with him, and then threw all his strength into the effort of legalising divorce, basing his arguments upon the old Jewish laws. He succeeded in 1886. His connection with the Boulangist party is too well-known to need recapitulating here. It is to M. Naquet's everlasting credit that he has never turned his back upon his brethren. Ever ready to defend them, he never allowed any attacks upon them to pass unchallenged.

Early on Sunday morning I called upon M. Naquet, and found him ready and eager to leave the smoke of London town for his beloved Paris. His appearance is picturesque, and the keen face, sharp eyes, together with beard and flowing hair of snowy whiteness, reminded one of Moses Mendelssohn as he appears in the photographs. Of small stature, still alert and vivacious, notwithstanding his sixty-four years, M. Naquet, by the earnestness of his demeanour, commands attention and respect.

After the greetings were over, I at once plunged *in medias res*, and asked M. Naquet's opinion of the present situation.

"It will pass away, it will pass away," he replied, "and when Frenchmen again become reasonable they will not permit the prolongation of this state of affairs."

"In reality," he continued, "anti-Semitism has always existed in France, taking it in the sense of religious hatred between Jews and Christians. The spirit of Liberalism and proverbial French politeness, however, did not allow its open avowal. Since 1878, when the Government of that day began the persecution of the Clericals, the latter determined to be revenged, and thus the cry *'a bas les Juifs'* arose, to be used as a handle against any Government that either refused to repeal the laws, or endeavoured to pass other harsh measures. Yet it was not till 1886, when Drumont published his first disgraceful pamphlet against the Jews, that the open attacks upon the Israelites of France were in-

augurated. The latter made light of the agitation, and felt confident of its speedy death. Drumont soon found a following in the discontented element, which added fuel to the fire of reaction. These malcontents joined the Boulangists in the belief that General Boulanger would bring about a change by which they would naturally benefit. Boulanger and his party, however, fell without accomplishing anything, and the remaining followers, misled by Drumont, formed themselves into what is now the anti-Semitic Party."

It is to be mentioned here that as long as M. Naquet was in the Boulangist Party, of which he was at one time the leading spirit, all attempts to create an anti-Semitic agitation were promptly suppressed; but no sooner had he left, then everything altered, and, as stated above, the Boulangist Party became rabid anti-Semites. But to proceed with M. Naquet's narrative.

"Although the anti-Semitic excesses are greatly to be deplored, no alarm need be felt by the Jews. In Algeria the agitation against them is not fomented by Frenchmen, but by the foreign element, especially Spaniards and Italians, who incite the natives and take part in the pillages of the houses belonging to the Jewish inhabitants. As regards Paris, any one who has witnessed these manifestations, will see that they are merely got up by students and rowdies."

"The causes," he proceeded to say, "of all this agitation lie in the fact that Jews are looked upon with envy and jealousy by their Christian neighbours. To some extent, the Jews themselves are to be blamed for all this. When the first repressive laws against the Clericals were brought forward, the Jews were the first to applaud them. It is perfectly true that I myself voted in favour of these laws; but then I am a free-thinker, and it passes my comprehension how Jews who go to Synagogue, wrap themselves into their tallisim and pray, can conscientiously speak against clericalism. One other thing is not to be forgotten, and that is, that the Protectionist policy of the Méline Cabinet gave rise to the cry of 'France for Frenchmen,' and its resultant attack upon the Jews. The whole agitation emanates from the Clericals, and that is the reason why I believe that it will not last long. The Frenchman has not, and never had, any love for the Jew, but he still more hates the Jesuit. In England, too, I notice there is much covert antagonism to members of the Jewish persuasion. *Ca passera, ca passera,*" he concluded with a smile, which, however, did not hide his sadness at the treatment meted out to his brethren.

"What do you think of the Zionist movement?" was my next question.

"I have not made a thorough study 'of the matter,' he replied, "but I do not see how Dr. Herzl's plan is to be practically carried out. I am very glad, however, that the movement has had an effect of making people confess that they are Jews. It is a great mistake to hide one's religious belief or racial descent. I have never denied or endeavoured to conceal the fact that I was born a Jew, and it is my belief that Jews would fare much better if they would openly declare themselves to be what they are."

As I was about to say good-bye to M. Naquet, he said "How remarkable it is that Jews always find their fellow-Jews. Some time ago I received a letter in Yiddish-Deutsch from Odessa, and as I could not read it I showed it to the Grand Rabbin of France, who, however, did not like to tell me its contents. I then took it to a friend of mine, who told me that the writer asked for twenty francs which he was sorely in need of. The money was sent and quite forgotten, until about six months ago when I received another letter from Odessa with an enclosure of twenty-six francs. You can thus see," he added laughingly, "how true it is that the rewards of one's good deeds are already received in this world."

Cette interview a été faite d'une manière très-fantaisiste par M. Brill qui a voulu plaire aux rédacteurs du journal. Jamais, je n'ai basé ma campagne du divorce sur des arguments tirés de la loi juive. Je m'en suis même défendu contre mes adversaires qui m'en accusaient. Je me suis basé sur le seul intérêt individuel & social, sur la liberté humaine et non sur les dogmes et les principes de telle ou telle religion.

A. Naquet

Le Rappel du 18 mars 1898 n° 10234)

A PROPOS DES ÉLECTIONS

LES DÉSISTANTS

(Suite)

e. Déclarations de M. Alfred Naquet

Au nombre des désistants figure M. Alfred Naquet, député de Vaucluse.

— Pourquoi ?

Voici la réponse qu'il nous a faite à cette question :

— A la veille de ma retraite, je dois une profession de foi à mes amis et à mes électeurs ; soyez-en l'interprète. Ma décision a trois raisons pour elle, trois raisons péremptoires qui suffiraient largement, prises à part, à la motiver.

La première est celle-ci :

Après une douloureuse année d'épreuve, pendant laquelle j'ai subi l'affront de voir mon passé sans tache mis au pilori par un scélérat, je sors indemne, il est vrai, d'un procès odieux. Les jurés m'ont lavé de l'imputation qui pesait sur moi. Réhabilité, je puis, en tant qu'homme privé, dresser haut la tête ; comme politicien, je n'ai plus qu'à me retirer.

Je m'explique. Sévère avec autrui, j'ai pour principe de l'être avec moi-même, et je ne veux pas demander à une circonscription française d'envoyer à la Chambre, pour s'y faire représenter, un citoyen que l'on a soupçonné d'avoir dérogé à l'honneur.

L'homme public serait ainsi dans un continuel état de gêne et ne se trouverait plus en mesure de combattre ses adversaires, sur un terrain égal. Je choisis un exemple entre tous : A mes yeux, Dreyfus est innocent et Zola est un héros. Mais s'il m'arrivait une fois au cours d'une discussion, de me montrer partisan de la revision des débats de 1894, ne pourrait-on pas me riposter : « Si vous n'avez pas le respect de la chose jugée, en ce qui touche un condamné, comment se fait-il que vous l'ayez à l'égard de l'acquitté, que vous êtes ».

Cette cause de retraite me suffirait à elle seule, mais il en est deux autres :

Rentrant demain au Parlement, pour une session nouvelle, je ne verrais plus ma place marquée en aucun parti. A celui des socialistes je ne conteste ni la loyauté, ni la fermeté, ni l'ardeur des intentions, mais il est loin d'embrasser la totalité de mes opinions ; celui des radicaux, trop divisé, de plus en plus désagrégé, chaque jour, est entièrement dépourvu de cette belle harmonie, faite d'accords parfaits, qui crée la véritable union, bienfaisante pour le peuple; celui du gouvernement et celui de la droite, *a priori*, ne m'inspirent qu'une invincible antipathie.

Alors, quel serait mon rôle, en cette assemblée? Si j'avais vingt ans, en moins, je m'isolerais crânement de tous les groupes, en attendant le progrès certain et assuré qui ne pourra manquer de s'opérer bientôt, mais à mon âge, je n'ai plus de temps à perdre. Présumant que, mal à l'aise, dépaysé au Palais-Bourbon, il me serait impossible d'employer mon mandat au triomphe des causes fortes et justes, je préfère, et de beaucoup, regagner ma tente, plutôt que de me laisser aller à des luttes infructueuses.

Enfin, la dernière raison, d'ordre plus intime, est que, fort affaibli par l'exil, je n'aspire plus désormais qu'au repos, m'effrayant devant la perspective d'une campagne électorale, pour laquelle je dépenserais vainement les forces qui me restent.

Me voici donc b. . . terme de ma carrière. En jetant un regar . r l'avenir, j'acquiers la certitude qu'un jour viendra, où les grandes pensées seront seules à guider les actes de nos parlementaires, où l'on s'occupera beaucoup moins des individualités et beaucoup plus des idées, et où la législature cessera de n'être qu'un tremplin pour de personnelles ambitions..

La Tribune libre de Carpentras, du 1er mai 1898 [2me série — n° 4]
ma lettre à Thiébaud à propos de l'entrevue de . . .

CHAMBRE   *Paris, le 14 avril 1898.*
DES DÉPUTÉS   *33, boulevard des Batignolles.*

Mon cher Monsieur Thiébaud,

Arrivé, hier soir, de Londres, à 8 heures, j'ai rouvé votre carte en rentrant chez moi. Je ne suis ici que pour deux ou trois jours et ne serai guère chez moi. Vous m'y trouverez sûrement, cependant, demain vendredi et samedi, à deux heures moins un quart et dimanche toute la matinée. Mais, vraiment, je ne vois g. ère quelles idées nous pourrons utilement échanger. Comme vous, je suis un anti-parlementaire. Je continue à professer, sous ce rapport, les idées — toutes les idées — que nous avons jadis défendues ensemble. Mais depuis lors nous avons bifurqué.

> Vous êtes devenu l'allié des antisémites ; vous avez fait une campagne anti-protestante et, dans l'affaire Zola, vous avez suivi une voie absolument opposée à celle qu'il me serait possible de recommander aux électeurs.
>
> Quoi qu'il en soit, si vous croyez utile que nous nous voyions, je n'y aurai que du plaisir parce qu'on a toujours plaisir et profit à causer avec un homme de votre valeur.
>
> Recevez l'assurance de mes sentiments distingués.
>
> A. NAQUET.

Je crois me souvenir que cette lettre n'est pas textuelle & que j'avais mis :

« Vous avez suivi une voie absolument opposée à celle que j'aurais suivie moi-même si j'avais continué de faire de la politique.

« vous devez donc concevoir qu'il me soit impossible de recommander votre candidature aux électeurs.

L'Echo de paris du 7 septembre 1898 — 15ᵐᵉ année — nᵒ 5217 —
— Enquête sur le rescrit du Tzar relatif au désarmement —

M. ALFRED NAQUET
ancien sénateur, ancien député

M. Alfred Naquet, aujourd'hui retiré de la politique, a attaché son nom à une réforme, le divorce, qui lui assigne une place dans l'histoire de ces vingt-cinq dernières années. Ses ennemis, même les plus acharnés, s'inclinent, devant son intelligence et son savoir.

Par la lettre suivante, il nous fait connaître son sentiment :

Mon cher Monsieur Rateau,

Vous me demandez ce que je pense du rescrit du tzar en faveur d'un désarmement par-

« Il m'a fait éprouver sinon une surprise, — car je suis fixé depuis longtemps sur ce qu'il faut attendre de l'alliance russe, — du moins une pénible émotion.

Je n'ai pas besoin de vous dire que je suis un pacifique, un ennemi de la guerre, et que je rêve l'heure où Berlin et Paris seront réconciliés dans une fédération républicaine de l'Europe, tout comme les anciennes ennemies, Venise et Gênes, sont réconciliées dans l'Italie unie.

Mais là n'est pas la question.

Veut-on parapher à nouveau le traité de Francfort, y apposer la signature réfléchie de la France libre à côté de celle de la même France vaincue et écrasée par le nombre ?

Si on le veut, c'est bien ; je [illegible] rien à dire, sinon qu'il aurait fallu commencer alors vingt-sept ans plus tôt et éviter à notre pays les formidables dépenses qu'il a faites, et qui, dans ce cas, seraient inutiles. J'ajoute que, dans ce cas aussi, on aurait pu se dispenser de conclure un traité d'alliance avec l'empire des tzars. Personne ne songerait à nous attaquer si nous renoncions à l'idée de revanche, et si l'alliance n'a pas pour but le redressement de l'iniquité commise en 1871 par le démembrement de notre patrie, elle n'a aucun but qui la justifie.

Je ne suppose donc pas que personne soit à cette heure pour la politique d'abandon et de renonciation. Cette politique aurait pu avoir sa grandeur en 1871 et j'en étais à cette époque le partisan. Aujourd'hui ce serait la négation de tout ce que nous avons fait depuis un quart de siècle ; ce serait la condamnation de toutes les espérances auxquelles on s'est complu, ce serait un abaissement sans précédent.

S'il en est ainsi, nous ne pouvons pas désarmer.

J'entends bien qu'il existe à cette heure un état d'équilibre déterminé en Europe et que cet état demeurerait le même si les forces de tous les pays étaient diminuées dans les mêmes proportions.

Mais où serait le contrôle ? Chaque État s'ingénierait à éluder ses engagements, et la guerre ne serait pas longue à naître des suspicions qui en résulteraient. Elle surgirait des efforts mêmes que l'on aurait faits pour l'éviter.

Je ne puis donc attacher aucune importance pratique au rêve humanitaire du tsar. Il n'en est pas plus [illegible] que s'en est jadis un rêve semblable de Napoléon III.

Il n'en est pas moins vrai que l'ouverture [illegible] tions nationales [illegible] — s'il existe encore un gouvernement français ! — peut faire courir des dangers à la paix.

J'espère que ces dangers resteront à l'état de simple menace. Mais il serait puéril de les nier.

Je ne trouve donc plus devant cette [illegible] ble hypothèse [illegible]

[illegible] avec la question de l'Alsace-Lorraine ne serait pas [illegible]

On [illegible] agi de lui-même [illegible]. Dans le premier cas, la [illegible] de la France est complète et il n'y a qu'à prononcer le [illegible] *Gallia*. J'ai dit [illegible] le premier jour [illegible] de ceux qui ont fait l'alliance russe parce qu'ils y voyaient un appel contre l'Allemagne ; j'ai affirmé sans cesse que l'alliance russe c'était, au contraire, l'alliance allemande par un détour, que c'était la tentative d'une dérivation contre l'Angleterre de nos justes griefs contre nos voisins d'outre-Rhin ; j'ai senti au milieu de l'enthousiasme stupide des foules, que l'on nous menait contre la Grande-Bretagne à un concert continental dont l'Allemagne faisait partie, et que l'on cherchait à [illegible] par les forces de la France, passées aux ordres du [illegible] contre la libre nation d'outre-Manche.

Si la France a accepté le [illegible] résultat prévu est atteint et il ne reste [illegible] qu'à se couvrir de deuil.

J'espère qu'il ne l'est pas, qu'elle n'a pas acquiescé, qu'elle n'a pas [illegible] sulté.

Mais alors que dire de cet [illegible] bon de ramasser nos milliards et que [illegible] une initiative si contraire à nos intérêts [illegible] se donner la peine de nous demander [illegible] moins notre avis ?

C'est dans les deux cas l'alliance russe [illegible] giée à sa vraie valeur.

Depuis longtemps déjà, au biais des [illegible] différents, l'opinion française [illegible] faussée, au mépris de toutes nos traditions.

L'alliance russe a déchaîné de ces [illegible] nationales et non la moindre.

[illegible] avait pour résultat d'y mettre fin [illegible] rendre notre liberté dans la [illegible] réjouirais quand même [illegible]

Nous ne serions plus exposés [illegible] pour complaire à un allié sans [illegible] compliqué de monsieur des A[illegible] perdrions ainsi l'une des causes [illegible] nous [illegible] trop souvent [illegible] dehors [illegible] en Europe.

[illegible] chez Monsieur [illegible]

M. Alfred Naquet n'a jamais [illegible]

Lettre à M⁻ Urbain Gohier

Paris le 20 9bre 1898
83 rue de l'assomption
(auteuil)

Monsieur

Vous êtes à mon sens le premier journaliste de notre époque, &
ce qui vous rend tel ce n'est pas seulement votre incontestable
talent, c'est encore, je dirais presque surtout la sincérité de vos
convictions & votre passion de la vérité & de la justice. On les
sent en vous lisant, je vous lis chaque jour, j'admire votre énergie
& générosité et vous comprendrez aisément dès lors à quel point j'ai été
peiné en lisant dans votre beau livre « la nation contre l'armée »
cette expression : « l'ignoble juif Naquet. »

Sous la plume d'un Drumond, d'un Cassagnac ou d'un Millo-
voye, une pareille injure ne m'aurait pas troublé. Au contraire : être attaqué par ces sortes de gens est un suprême honneur.
Il en va tout autrement lorsque l'outrage émane d'un écrivain que j'honore, dont la politique est celle que je suivrais si
j'étais encore dans la politique, dont la sincérité ne fait

aucun doute pour moi, et qui, par conséquent, pense de moi ce qu'il en écrit.

C'est ce qui fait, Monsieur, que je prends la liberté de vous adresser cette lettre, convaincu tout au moins que je ne me trouverai pas en face d'un de ces juges qui condamnent un accusé sans l'entendre.

Je suis entré dans la vie politique par une lutte contre l'Empire qui m'a valu la prison. J'ai continué ma carrière publique par la publication de mon ouvrage : « religion, propriété, famille »; ouvrage condamné par des magistrats impériaux auxquels n'auront rien à envier ceux qui vont s'efforcer demain de faire prononcer votre condamnation. Sur les idées religieuses renfermées dans ce livre je n'ai pas varié depuis lors d'un iota.

Plus tard j'ai attaché mon nom à la loi du divorce; j'ai malgré les efforts des ministres opportunistes de cette époque, doté mon pays du droit de réunion. La loi de 1881 sur la presse a été élaborée sur une proposition de loi émanée de moi; enfin par la loi de 1885 sur les marchés à terme, qui est aussi presque entièrement mon œuvre, j'ai cherché à faire disparaître des transactions de la Bourse & du commerce un élément d'immoralité.

Je ne suis pas collectiviste. Mais j'ai toujours voté sans exception toutes les réformes démocratiques et je me suis toujours montré tout autant que les collectivistes parmi lesquels je compte nombreux d'amis, l'adversaire résolu de la société de rapine & d'iniquité au milieu de laquelle nous vivons. J'ajoute que dans la pratique de tous les jours, dans les relations privées, je n'ai jamais cessé de me montrer l'ami des humbles & des pauvres.

Tout ceci a dû me rendre odieux aux jésuites. Mais tout ceci n'est certainement pas de nature à avoir provoqué l'appréciation malveillante de mon caractère que je vous signalais en commençant. Bien au contraire ce doit m'être un titre à votre bienveillance & je dois chercher ailleurs la cause de l'épithète blessante que vous avez accolée à mon nom.

Où donc ?

Je ne crois pas que cette cause réside dans le procès du panama. Calomnié par un misérable que j'avais tiré de la boue & qui a probablement reçu de l'argent des sacristies pour cette besogne vile ; poursuivi comme Laisant, Boyer, Maret ... &c à l'instigation de scélérats qui n'ont fait naître le scandale parlementaire que dans le double but de sauver les grands voleurs de Panama & de déconsidérer les institutions démocratiques, j'ai été l'une des victimes du même complot antirépublicain dont l'antisémitisme est la mise en œuvre & dont le procès Dreyfus, & aujourd'hui le procès d'Esquart représentent les pièces les plus récentes & les plus aiguës.

Enfin j'ai été acquitté et acquitté dans des conditions bien défavorables qui font encore ressortir le vide de l'accusation ; je me défendais seul ; le procès avait lieu au moment où l'antisémitisme était à son apogée, au lendemain du premier

Procès Zola ; de plus, en ma qualité d'ancien Boulangiste qui s'était séparé de son parti, j'étais mal vu des anciens Boulangistes qui ne me pardonnaient pas d'être demeuré un républicain dans le Boulangisme & de m'être finalement séparé d'eux, & des républicains qui ne me pardonnent pas d'avoir embrassé la cause du général Boulanger et qui, sans me connaître, portent sur moi le jugement que vous portez vous-même. Ajoutez que M. Cavaignac & M. le président Delegorgue ont tout mis en œuvre pour obtenir une condamnation contre moi, et qu'il y avait des écriteaux dans un jury qui s'efforçaient de me perdre. Je suis sorti sain & sauf de ce danger et je ne pense pas, dès lors, que cet esprit de justice qui vous caractérise, connaissant nos juges d'instruction comme vous les connaissez, vous ayez pu être impressionné par le travail combiné d'Arton & de Lepoittevin.

Reste donc le Boulangisme.

Ici, Monsieur, je vous fais tout de suite un aveu. Je n'ai pas de remords d'avoir été Boulangiste parce que lorsqu'on n'a été mû que par des motifs désintéressés on n'a jamais lieu d'éprouver des remords ; mais j'en ai un profond regret depuis que j'ai pu apprécier quelques-uns des hommes à côté desquels j'ai combattu en 1888 et 1889.

Toutefois, monsieur, plus que personne, vous, qui avez été manarchiste & qui êtes venu honnêtement & courageusement à la République, vous devez comprendre que l'on soit –, dans un ne longue vie politique, commettre une erreur.

J'en ai commis une et elle est ; grandement excusable.

J'étais vieux que vous dans la vie publique, j'ai connu avant vous ces turpitudes et ces misères des assemblées parlementaires, les hontes qu'engendrent les ambitions ministérielles, et présidentielles, les rancunes et les corruptions qui sont la conséquence du régime de cabinet et je voulais les faire cesser.

Je n'ai pas attendu pour cela Boulanger. Dès 1881, lors du projet de révision de Gambetta, je proposais un amendement contre le régime, dès 1883 je publiais, en vue de revenir aux vrais principes (les principes américains et suisses les constitutions démocratiques, ma brochure « questions constitutionnelles »; et en 1885 je poursuivais énergiquement ma même campagne dans la Revue bleue et dans l'Estafette.

D'autre part l'histoire de mon pays m'a démontré que chez nous les réformes ont besoin pour aboutir de s'incarner dans un homme. En 1848 le suffrage universel s'était incarné en Ledru-Rollin; après 1870 la République s'était incarnée dans Gambetta. Je crus pouvoir incarner en Boulanger la révision démocratique. Je crus pouvoir faire de ce général — qui n'était pas d'ailleurs dangereux par lui-même, vous pouvez m'en croire, comme les Thurlinden et les Boisdeffre — l'instrument de cette révision.

Je me suis trompé. Plus tard quand j'ai reconnu mon erreur il était trop tard; j'étais dans l'engrenage et mon

devois était de demeurer pour combattre à l'intérieur du parti les me-
nées antisémites et cléricales. Les luttes violentes que j'ai eu à livrer
dans le Comité ne sont pas connues, mais la haine des Déroulède, des
Castelin, des Millevoye, — nos pires ennemis à l'heure actuelle — pourraient vous en dire long.

Depuis ma sortie du Boulangisme — comme avant mon entrée
dans ce parti — j'ai marché avec la fraction la plus avancée du parti radical et mon seul regret est de ne pas posséder un organe où
je pourrais, avec moins de talent mais avec non moins de conviction que vous, défendre les idées qui relèvent la France et combattre
les hommes qui la conduiraient à une irrémédiable décadence.

Adversaire de tout esprit sectaire, je n'ai jamais voulu négocier aux mesures de vexation dirigées contre les cultes. J'ai dénoncé
les tracasseries inutiles & par cela même nuisibles. Mais partisan résolu de la suprématie du pouvoir civil sur les pouvoirs religieux
et militaire, j'ai toujours été partisan de la séparation des É-
glises & de l'État.

Enfin après vingt-sept années de vie politique, malgré les
accusations monstrueuses portées contre moi par des contempteurs de
toute vérité, je suis nanti possédant infiniment moins que mon
père ne m'a légué en mourant, pauvre au point d'avoir, quoi que —
d'aucuns puissent croire, une vie difficile & pénible malgré la
modestie extrême de mon existence.

Si vous croyez, Monsieur, que tout cela justifie l'ex-

pression « l'ignoble juif Naquet » Continuez. je ne me plaindrai pas
Dévorer en silence des injures imméritées, venues même de ceux que l'on
aime, a souvent été le lot des hommes trop amoureux du bien. je
ne contenterai d'en souffrir.

Si, au contraire je puis avoir la pensée que je provoque dans
votre esprit un regret analogue à celui qu'un de vos collègues exprimait l'autre jour relativement à Joseph Reinach j'en serai heureux sans mesure.

Quoiqu'il en puisse être, monsieur, mes sentiments à moi vis-
à-vis de l'écrivain qui en ce moment honore la France autre
vous ne changeront pas.

Veuillez agréer, monsieur, l'assurance de ma haute considération.
                                              A. Naquet

À cette lettre Urbain Gohier a répondu par la lettre
que voici :

« monsieur, l'idée que j'ai pu être injuste et qu'on en a
souffert m'est insupportable. je laissais en vous le
Boulangiste, dans un moment où le vrai Boulangisme
allait nous écraser ; mais je voudrais effacer le mot,
inutile à ma thèse, qui vous a blessé. votre lettre me
donne une leçon dont je vous remercie.

                                         urbain Gohier

L'original de cette lettre qui a une réelle valeur
à mes yeux est collée à la page suivante.

L'AURORE
LITTÉRAIRE, ARTISTIQUE, SOCIALE
142, Rue Montmartre
— ❦ —

SECRÉTARIAT DE LA RÉDACTION

Paris, le 2d Nov. 1898

Monsieur, l'idée que j'ai pu être injuste et qu'on en a souffert m'est insupportable.. Je laissais là le boulangiste dans un moment où le néo-boulangisme allait nous écraser — ; mais je voudrais effacer le mot, inutile à ma thèse, qui vous a blessé. Votre lettre me donne une leçon dont je vous remercie.

Urbain Gohier

Table analytique des matières contenues dans le t. XX des Naquet varia.